월포 사람들

한국현대수필 100년 | 사파이어문고 ㉙

이순영 수필집

월포 사람들

인쇄 | 2025년 9월 30일
발행 | 2025년 10월 2일

글쓴이 | 이순영
펴낸이 | 장호병
펴낸곳 | 북랜드
　　　　04556 서울 중구 퇴계로41가길 11-6, JHS빌딩 501호
　　　　41965 대구 중구 명륜로12길 64(남산동)
　　　　전화 (02)732-4574, (053)252-9114
　　　　팩스 (02)734-4574, (053)252-9334
　　　　등록일 | 1999년 11월 11일
　　　　등록번호 | 제13-615호
　　　　홈페이지 | www.bookland.co.kr
　　　　이-메일 | bookland@hanmail.net

책임편집 | 김인옥
기　　획 | 전은경
교　　열 | 서정랑

ⓒ 이순영, 2025, Printed in Korea
* 저자와 협의하여 인지를 생략합니다.

ISBN 979-11-7155-167-5 03810
ISBN 979-11-7155-168-2 05810 (E-book)

값 15,000원

pohang 포항시　phc 포항문화재단
이 도서는 2025 포항문화예술지원사업의 일환으로 사업비를 지원받았습니다.

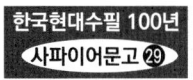

월포 사람들

이순영 수필집

북랜드

작가의 말

글밭 언저리에 서성거린 지 서른 번 넘는 가을이 지났습니다. 영일공공도서관 글항아리 독서회, 보리수필문학회, 한국문인협회, 포항문인협회 등에서 활동하면서 동인지와 문학지에 발표했던 글들을 다시 가다듬었습니다.

첫 수필집으로 마음속에 담아 두었던 이야기들을 세상 속으로 떠나보내니 두려움과 부끄러움이 앞섭니다만 용기를 내었습니다. 포항 바닷가 사람들의 살아가는 모습과 포항의 유적지와 관광지, 자연환경, 가족의 따스한 사랑, 일상생활에서 얻는 지혜와 깨달음 등을 작품 속에 담으려고 노력했습니다. 독자들에게 인문학적인 포항의 가치가 널리 알려지고, 자기성찰의 계기가 된다면 큰 보람이겠습니다.

책 읽는 사람이 점점 줄어든다고 합니다. 하지만 요즈음 젊은 세대들 사이에 '교환독서'가 유행한다고 하니 반갑습니다. 여행을 하면서 창밖 풍경을 바라보며 고요히 사색에 잠겨 있는 사람, 공원이나 산 속 쉼터, 비행기 안에서 책 읽는 모습은 참으로 아름답습니다. 이 책도 어디에서나 누군가의 손에서 편안하게 읽히기를, 그리하여 한 줄이라도 마음에 잔잔한 파문이 일어나기를 바라는 작은 소망을 담아봅니다.

  문학의 길로 이끌어 주신 수필가 박창원 동해안민속연구소 소장님, 지역문학의 소중함을 강조하시던 고 구인환 교수님을 잊을 수 없습니다. 부족한 글에 아낌없는 격려와 응원을 해주신 보리수필 문학회원과 포항문인협회 선배님과 후배님들께도 감사드립니다.

  바쁜 와중에도 기꺼이 발문을 써주신 장호병 (사)한국문인협회 부이사장님과 작품을 평해주신 시조시인 서숙희 전 포항문인협회 회장님께 고마운 마음을 전합니다. 책 발간에 도움 주신 포항시 문화재단과 도서출판 북랜드의 정성도 오래오래 기억하겠습니다. 먼 곳에서 가까운 곳에서 늘 저를 응원하는 가족과 저를 아는 모든 분들의 고마움도 잊지 않겠습니다.

2025년 가을

이 순 영

차례

작가의 말 • 4

■ 작품평 인간과 사랑에서 출발한 사색의 집   서숙희 • 8

베갯모
- 귀동오빠 • 18
- 내다 • 24
- 봄, 홀로나기 • 29
- 새해 첫날 토함산에서 • 33
- 베갯모 • 38
- 별 • 43
- 호야 • 48
- 원고지 • 53
- 이름을 지으며 • 58
- 즐기자 • 64

노병의 눈물
- 무언의 설법 • 72
- 배롱꽃이 고운 덕동문화마을 • 76
- 발톱 • 83
- 송도 풍경 • 87
- 노병의 눈물 • 93
- 최장수 역무원 • 98
- 신빈현新濱縣에 핀 백일홍 • 105
- 반환점에서 • 116
- 송도바다에서 만난 사람 • 120
- 광복축구 • 124

월포 사람들

어머님의 뜰	• 130
옆집 할머니	• 136
청하 가는 버스	• 141
멸치 잡는 날	• 146
월포 사람들	• 152
때	• 159
비파골의 노래	• 163
인용사지仁容寺址에서	• 169
백일홍	• 173
민들레꽃	• 178

오른쪽과 왼쪽

길들이기	• 184
흔적	• 193
차설車說	• 197
묵 이야기	• 203
오른쪽과 왼쪽	• 208
여유	• 213
도장	• 217
손	• 222
어떤 운전자	• 226

마늘과 어머니

이불	• 232
있어도 되고 없어도 되는 것	• 237
빈집	• 243
밥	• 249
화산 참꽃	• 254
회초리	• 259
마늘과 어머니	• 263
마른 꽃	• 268
어미 마음	• 271

| 발문 | 앎과 삶을 '닮'음으로　　　　　장호병 • 276

| 작품평 |

인간과 사랑에서 출발한 사색의 집
― 이순영 수필집 『월포 사람들』

서숙희 | 시조시인·전 포항문인협회 회장

"수필은 청춘의 글은 아니요, 서른여섯 살 중년의 고개를 넘어선 사람의 글이며, 정열이나 심오한 지성을 내포한 문학이 아니요, 그저 수필가가 쓴 단순한 글이다."

우리에게 영원한 소년이자 서정의 문필가로 자리하고 있는 금아琴兒 피천득 선생의 「수필」이란 제목의 글에서 만나는 문장이다. 선생은 수필에 대하여 또 이렇게도 말했다. "수필은 흥미를 주지만 읽는 사람을 흥분시키지는 않는다. 수필은 마음의 산책이다." 라고.

이순영의 첫 수필집 원고를 읽으며(지난해 『구석구석 포항 이야기』를 출간한 바 있으나 순수 수필집으로는 처음이다) 예전에 교과서에서 읽었던 피천득 선생의 명수필 「수필」을 다시 뒤적여 보았다. "수필은 청자연적이다. 수필은 난이요, 학이요, 청초하고 몸맵시 날렵한 여인이다"로 시작되는 글에는 수필의 특성과 성격이

한 편의 깨끗한 시처럼 아로새겨져있다. 그렇다. 수필은 격정적 감흥의 폭발에서 발화하는 정념의 문학이 아니다. 고요히 관조하며 어루만지는 문학에 더 가깝다. 그래서 휘황한 샹들리에나 환한 형광 불빛 아래서 읽기보다, 고요히 타오르는 촛불이나 등피가 살짝 그을린 램프, 낡은 갓을 푹 내려 쓴 촉수 낮은 전등 아래서 읽어야 그 맛이 더할 것만 같다.

글자 그대로의 풀이에 의해 수필을 흔히 '붓 가는 대로' 쓰는 글이라 한다. 붓 가는 대로라니! 경외감과 두려움을 느끼게 하는 말이 아닌가. 써야겠다는 강렬한 의식의 내적 욕망에 의해 쓰는 시나, 집을 짓듯 단단하고 치밀한 구조와 구성을 필요로 하는 소설과는 다른 창작법이다. 그저 한가로운 마음이 붓을 따라 가는 것이거나, 지극히 자연스러운 마음의 이끌림에 붓이 저절로 따라오는 것이라는 말이겠다. 이는 웬만한 경지에 이르지 않으면 결코 다다를 수 없는 경지가 아닌가. 그러기에 수필은 어떤 문학 장르보다 글쓴이의 진솔한 내면이 드러나는 자기 고백적 문학이며, 관조와 통찰이라는 사유가 녹아든 향기 높은 격조의 문학이다.

40여 편이 넘는 이순영의 수필집 『월포 사람들』에서 새삼 수필이 지닌 덕목을 발견하게 된다. 그러면서 가장 먼저 드는 생각은 '글은 곧 사람이다'라는 명제의 확인이다. 가족과 이웃과 지역 등 작가의 삶에 미치는 여러 대상을 따뜻이 그려낸 그의 글은 지금까지 가까이에서 보아온 넉넉하고 수수한 이순영 그 자체이기 때문이다. 사소한 주변 일상에서부터 나라를 위해 희생한 역사와 연관되는 애국적 주제에 이르기까지, 거기에 작용하는 이순영의 작가정신의 바탕은 '인간'이며 '사랑'이다. 그와 더불어 자신을 낮추는 겸손과 겸양의 미덕이 작품마다 진득하게 깔려있다. "마음속에 담아 두었던 이야기들을 세상 속으로 떠나보내니 두려움과 부끄러움이 앞선다."고 한 '작가의 말'에서도 이미 그의 인품과 성정이 잘 드러나 있다고 봐야겠다.

　이순영의 수필은 그만큼 순수하다. 그리고 소박하다. 대단하고 거창한 현실 비판적 의식이나 자신이 해석한 돌올한 세계관을 직접적으로 담지는 않았다. 날마다 대하는 일상생활의 주변에서 보고 듣고 느낀 것들, 바로 우리 이웃 사람들의 애환들, 그 사람들이 먹고 자며 일구어 나가는 삶의 터전인 지역의 자연환경이 낯설지 않게 그려졌다. 거기에 더하는 또 하나의 특징적 글은 문화관광해설사의 시각으로 바라보는 고장의 역사성들을 친근한 문장으로 잔잔하게 담아 놓았다. 이러한 글들에서 독자들은 이순영이라는 작가가 세상을 어떻게 보고 가늠하는가를, 그리고 그의 삶이 얼마나 따뜻한 정성으로 충일한가를 짐작하고 유추할 수 있다.

어릴 때 시골 소녀들 누구에게나 한 명쯤은 있었을 법한 동네 오빠(「귀동오빠」), 웃음이 절로 나는 유년의 친구(「내다」), 이웃 신혼의 고운 베갯모에서 역시 그만큼 곱고 애틋했을 어머니(「베갯모」), 그 모두는 바로 우리 모두의 오빠요 친구요 어머니가 된다. 어렵게 사는 이웃에게 크고 환한 미래가 주어지기를 바라는 마음의 「민들레꽃」과 순수하고 평범한 시골 아낙들의 사는 이야기를 담은 「백일홍」 같은 글 역시 세상을 바라보는 이순영 특유의 온화함의 사색이 깔려 있다.

그런가 하면 맑은 샘물 같은 성찰이 담긴 글도 여러 편 있어서 수필문학 특유의 울림이 주는 멋과 맛에 취하기도 한다. 이를테면 「별」에서는 생텍쥐페리의 「어린 왕자」와 알퐁스 도데의 「별」을 연상케 하는 서정이 반짝인다.

이순영 수필의 지향점이 닿은 곳에는 어김없이 자연에 순응하는 겸손함과 지역문화재에 대한 각별한 관심, 더 나아가 나라사랑의 애국심이 있다.「배롱꽃이 고운 덕동문화마을」「송도 풍경」「노병의 눈물」「광복축구」「최장수 역무원」 같은 작품들이 그러하다.

  표제작인「월포 사람들」과「멸치 잡는 날」「청하 가는 버스」등을 통해서는 농촌에서 어촌으로 시집온 저자가 겪은, 낯설지만 정감 어린 바닷가 마을의 정경들과 거기 사는 사람들을 그린 듯이 소환함으로써 마치 오래된 흑백 영화를 감상하는 느낌을 준다. 이순영의 수필에 그저 착하고 고운 정서만 담겨 있다면 읽는 동안 조금은 지루할 지도 모르겠다. 그러나 반전의 요소와 재치가 깃든 작품이 섞여 있으니「길들이기」가 그 대표작이다. 딸이 해외여행을 떠나면서 햄스터 가족을 돌보라는 미션이 주어졌다. 그런데 잠시 소홀한 틈을 타고 도망가버린 '삼월이 가족'이라는 일곱 마리의 햄스터를 찾는 내용이다. 마치 한 편의 콩트처럼 재미있게 읽히면서 웃음을 절로 머금게 한다. 유명한 애니메이션 '톰과 제리'를 시청하는 것처럼 묘사도 뛰어나다.

  이순영의 작품은 대부분 간결한 단문의 문장으로 시작된다. 그러면서 인간의 보편적인 정서의 속살을 어김없이 파고든다. 그중 몇 문장만을 가져와 본다.

"홀로 봄을 즐기는 나날에 익숙해지려고 한다."(「봄, 홀로나기」)

"고목이 쓰러졌다. 강한 바람이 불거나 천둥번개도 없는 고요한 날 밤에 저절로 무너져 내렸다고 한다."(「무언의 설법」)

"초겨울 햇살이 부챗살처럼 펼쳐진 아침,"(「최장수 역무원」)

"으스레한 새벽이다. 아버님께서 바다로 나가시는가 보다."(「멸치 잡는 날」)

"아프다. 내 발이 주인을 잘못 만난 탓에 고통을 당하고 있다."(「여유」) 등이 그러하다.

그중에서도 「인용사지」의 첫 문장은 압권이다.

"빈 곳에는 바람소리가 더 무겁다. 먼 곳에서 시작된 바람이 바다를 건너 산을 넘어와 빈터에서 잠시 머뭇거리며 내 어깨 위에 묵직한 바람 한 줄기 얹어 놓는다."

'비어 있음'과 '무거움'이라는 상반되는 개념을 병치하는 기교가 놀랍다. '수필적 시'는 없어도 '시적 수필'이 있음은 바로 이러하기 때문이 아닐까 싶다.

이렇게 시작한 글은 단순한 일상의 기록이나 묘사를 넘어 성찰적 사색 속으로 깊이 들어가서 결국에는 독자로 하여금 인생을 어떻게 살아야 하는가 하는 삶의 본질에 대하여 사유하고 각자의 삶을 반추하게 만든다.

이것이 이순영 수필의 힘이며 거느림이다. 다른 문학 장르에 있어서 창작과정은 하나의 공정工程이라고 할 수 있다. 반면 수필은 그런 인위적인 과정보다는 형식이나 구성에 굳이 신경 쓰지 않은, 이른바 무형식의 형식 안에서 출발하는 순수한 마음의 발로라고 하겠다. 그러니 솔직할 수밖에 없고 글쓴이의 성정과 인품이 그대로 드러날 수밖에 없다. 그렇기에 허구가 주는 감동보다 더 진한 공감이 있는 것이다. 이순영의 수필이 주는 성찰의 문장 속으로 들어가 보자.

"눈이 녹으면 더 심하게 지저분해질 것이다. 염분과 모래는 먼지가 되어 회색거리를 떠돌 것이다. 편리함과 이익만 앞세우는 현대인의 자화상 같다고 할까. 나는 오늘도 흔적을 남긴다. 과연 어떤 흔적을 남길 것인가."(「흔적」)

"묵이 가만히 이야기했다. 불같은 가슴과 얼음 같은 인내는 같은 마음이라고. 사랑과 미움이, 관심과 무관심이, 그리고 이승과 저승은 씨줄과 날줄 같다고. 산이 물을 품고, 물이 산을 안아 더 깊고 큰 산을 이루듯이 함께 어우러져 둥글게, 둥글게 살아가는 것이라고 ."(「묵 이야기」)

"인생살이도 마찬가지 아닐까. 삶의 속도를 늦추고 마음의 여유를 갖게 되면 좀 더 행복해지지 않을까? 공간이든 시간이든, 물질이든 적당한 여유가 있어야 진정한 행복이 어떤 것인지 깨닫게 된다고. 아픈 발이 가만히 알려준다."(「여유」)

"내가 살았던 흔적은 어떤 모습으로 남을까요. 살아온 날보다 살아갈 날이 더 적은 나이입니다. 오래된 느티나무를 바라봅니다. 짙은 초록색 나뭇잎 사이로 흰 구름이 지나갑니다. 매미들의 노랫소리 더욱 높습니다. 거대한 만다라 속에 청청한 독경소리 가득합니다. 우화羽化한 매미의 빈집도 어머님이 남기신 빈집도 살아온 자취 그대로의 모습입니다. 내가 떠나고 난 후에 남겨질 빈집을 생각하며 마음을 가다듬습니다."(「빈집」)

이런 문장들을 정독하면서 앞에서 인용한 피천득 선생의「수필」로 다시 돌아가 본다. "수필은 한가하면서도 나태하지 아니하고, 속박을 벗어나고서도 산만하지 않으며, 찬란하지 않고 우아하며 날카롭지 않으나 산뜻한 문학이다."

모든 문학은 '인간'과 '사랑'에서 시작되는 것이리라. 또한 그런 모든 문학의 최종 지향점 역시 인간이며 사랑일 것이다. 이순영의 수필 역시 그러하다. 그가 추구하고 지향하는 삶의 빛깔과 무늬가 찬란하다고 할 수 없겠으나 들여다볼수록 그윽하고 진득한 사람 냄새가 배어 있음을 알 수 있다. 이순을 넘긴 더 깊은 인생 여정에 접어든 그의 연륜이 앞으로 또 어떤 사색의 무늬를 그려낼지를 기대해 본다.

길고 긴 여름의 끝, 지금 어디쯤 오고 있을 가을의 맑은 발소리를 듣는다. 이순영 작가의 첫 수필집 상재에 작은 축하의 마음 한 장을 가만히 얹는 시간이다.

베갯모

귀동오빠
내다
봄, 홀로나기
새해 첫날 토함산에서
베갯모
별
호야
원고지
이름을 지으며
즐기자

귀동오빠

　국립경주박물관에서 소의 해를 맞이하여 개최한 특별전시장에 왔다. 송아지와 어미 소가 넓은 초원에서 평화롭게 풀을 뜯고 있는 영상 위로 음악이 시냇물처럼 흐른다. 화가 이중섭의 그림 '소'로 마무리 되는 영상과 깊은 산 샘물 같은 음악은 나를 어릴 적 고향마을로 데려갔다. 전시장 중앙에는 천삼백여 년 전에 조성된 무덤에서 출토된 토용土俑 소 한 마리가 서 있고, 흙으로 빚은 여인상이 수줍은 듯 왼손으로 입을 가리고 다소곳이 서 있다. 발까지 가린 긴 치마가 땅에 살짝 스친다.

　유리 상자 속에서 관람객들의 시선을 독차지하는 소를 가만히 들여다본다. 튼튼한 다리, 퉁방울 같은 눈에 굵은 코뚜레까지 했다. 떨거렁 떨거렁 방울소리 울리며 뚜벅뚜벅 걸어 나올 것 같다. 소를 앞세우고 두어 발자국 뒤에 지게를 진 귀동오빠가 보이는 듯하다. 소의 해에 태어난 옆집 오빠. 학교가 파하면 곧장 집으로 달려와 책 보따리는 방에 던져두고 꼴망태를 둘러메고 낫을 들고 들녘으로 소풀(소 먹이용 풀)을 하러 갔다. 어디에 갔다 오는지 금세 망태 가득히 싱그러운 풀을 담아 왔다. 학교에 가지 않는 날에는 지게에 바소쿠리를 얹어 쇠풀을 수북하게 담아 지고 오기도 했다.

 나는 산골마을에 살았지만 무늬만 시골아이였다. 학교에 다니는 기간에는 부모님과 함께 시골에 있었지만, 방학이 되면 주로 대구 이모네 집에 가서 대학생이었던 언니 오빠들과 책도 보고 여기저기 구경도 다니곤 했기 때문에 시골생활을 실제로 경험한 일이 거의 없다. 집에 있을 때도 점방을 보면서 책을 읽거나 어머니가 하시는 집안일을 도왔을 뿐, 친구들과 어울려 놀았던 기억도 많지 않다. 집 밖은 늘 궁금했다. 오빠가 가는 곳에 무척 가보고 싶었다.

 어느 날 어머니의 허락을 받고 마을 언니오빠들이 소 먹이러 가는 길(소를 몰고 풀이 많이 있는곳으로 가서 소가 풀을 뜯어먹게 하는 일)에 따라 나섰다. 마냥 신이 났다. 송아지와 어미 소들과 함께 줄을 지어 동네 어귀를 돌아 냇물을 건너고 언덕을 올라 휘어진 산모롱이를 돌았다. 비탈진 밭에서 자주색 감자도 캐어 망태기에 담았다. 나는 처음 보는 일이라 주인에게 들켜 혼날까 봐 가슴이 콩당콩당 뛰었지만 속내를 감추며 그들이 하는 대로 얼른 흙 묻은 감자를 주워 호주머니에 담았다. 호주머니는 금세 불룩해졌다. 작은 소떼 행렬은 다시 좁은 길을 걸어 조금 널찍한 곳에 이르렀다.

오빠들은 익숙한 손놀림으로 소 이까리('고삐'의 경상도 방언)를 소의 뿔에 감아 단단히 묶었다. 그렇게 하지 않으면 소가 여기저기로 다니다가 고삐가 나뭇가지에 걸릴 경우 매우 위험하기 때문이라고 했다. 그런 다음 소를 산자락으로 후쳐('내쫓다'의 경상도 방언) 보냈다. 소들이 스스로 먹이를 찾아 이리저리 다니며 싱싱한 풀잎을 뜯어 먹는 사이, 우리들은 주위에 있는 돌과 나뭇가지들을 주워다가 적당하게 무더기를 만든 다음 불을 지폈다. 불꽃이 사위어들자 감자를 불에 달구어진 돌멩이와 알불이 있는 무더기 속에 넣어 두고 오빠들은 소꼴('쇠꼴'의 경상도 방언, 소에게 먹이는 풀)을 베거나 땔나무를 하러 산이나 들녘으로 흩어져가고, 언니들은 물놀이를 하러 갔다. 나는 따라가고 싶었으나 감자를 지키라기에 갈 수가 없었다.

무서웠다. 감자밭 주인이 쫓아와서 호통을 칠 것만 같고, 오빠와 언니들이 산속에 나만 홀로 남겨두고 어디로 가버릴까 봐 조마조마했다. 감자가 들어 있는 돌무더기를 바라보았다가 주변에 있는 풀잎을 뜯어 돌무더기에 던져 연기도 피워 올려보았지만 심심함과 두려움은 떨쳐버릴 수 없었다. 또한 어머니의 허락은 받고 왔지만 집에 돌아가면 아버지께 혼이 나는 것은 아닌지 슬그머니 걱정도 되었다. 그런 내 마음을 눈치챘는지 멀리 가지 않고 내가 보이는 곳에서 낫으로 쇠꼴을 베는 귀동오빠가 있어 안심은 되었지만 나는 모른 척 아무 말도 하지 않았다.

  해가 서산으로 다가갈 즈음, 지게에 땔감이나 쇠꼴을 진 오빠들과 물놀이 간 언니들이 돌아왔다. 기다란 나뭇가지로 껍질째 불속에 넣어 두었던 감자를 꺼냈다. 설익은 감자를 나는 도저히 먹을 수가 없었다. 그렇다고 버릴 만큼의 용기도 없었다. 껍질이 검게 탄 감자를 손에 들고 어쩌지도 못하는 나에게 말랑하게 잘 익은 감자를 껍질 벗겨 손에 쥐여 준 것도 귀동오빠였다. 그렇게 감자 서리를 하는 동안 풀을 뜯어 먹으러 갔던 소들이 불룩한 배로 주인을 찾아왔다. 오빠들은 지게를 지고 쇠뿔에 묶어 두었던 고삐를 풀어 손에 잡고 소와 함께 집으로 돌아왔다. 소는 외양간에서 방울소리를 울리며 순한 눈으로 마당을 내다보았다. 참 평화로웠다.

쇠죽가마에서 구수한 쇠죽냄새가 피어날 때쯤이면 나는 아궁이 앞으로 가곤 했다. 그곳에서는 주전부리들을 가끔 얻어먹을 수 있기 때문이었다. 대궁이째 찐 풋콩이나 잘 구운 감자나 고구마, 구운 밀을 얻어먹는 재미는 눈깔사탕보다 달콤했다. 어떤 때는 기대에 들떠 달려가면 외양간에서 소가 큰 머리를 쑥 내미는 바람에 놀라서 소리를 지를 때도 있었다. 그럴 때면 오빠는 얼른 외양간에 세워둔 긴 싸리나무 빗자루를 들고 소를 위협하며 호통을 치곤 했다. 나는 몸집이 큰 소가 무서웠다. 소 앞에 있으면 소가 뿔로 떠받을 것 같고, 뒤에 있으면 꼬리로 치거나 뒷발질에 차일까 봐 가까이 갈 수가 없었다. 그런 나에게 더욱더 무서움을 느끼게 하여 기어이 울음을 터뜨리게 한 사람도 귀동오빠였다.

  내가 교복을 입고 학교에 다닐 즈음, 오빠는 시무룩한 표정으로 말도 잘 하지 않았다. 배를 잡고 뒹굴며 눈물이 나도록 웃게 하던, 때로는 귀신이야기로 무서워서 숨도 제대로 쉴 수 없게 하던 모습은 점점 보기 힘들어졌다. 지게를 지고 소를 몰아 들녘에서 보내는 시간이 더 많은 듯했다. 여물을 써는 작두질도 더욱 능숙하게 했다. 주말 고향 집에 갔을 때 오빠는 보이지 않았다. 타지에 있는 양계장에 취직해서 돈을 벌러 갔다고 했다. 세월은 흘렀고 무심히 잊고 지냈다. 고향사람들을 만나 귀동오빠의 안부를 물었다. 수년 전, 하늘 집으로 갔다고 했다. 가슴 한쪽이 뻥 뚫리는 것만 같았던, 그 창백해지던 순간의 기억이 오늘 '신라의 소' 특별전에서 되살아난다. 떨거렁 떨거렁 요롱(소의 목에 달아둔 요령鐃鈴) 소리와 함께 사립문을 밀며 뚜벅뚜벅 걸어오던 귀동오빠가 그립다. 보고 싶다.

내다

휴대전화가 울렸다. 전화기 화면에 '개똥'이 떴다. 두어 달 전에 통화를 하고 전화기에 저장해 둔 친구의 별명이다. 이름이 떠오르면 별명을 지워야겠다고 생각했지만 잊고 있었다. 중년아저씨가 된 친구에게 당연히 점잖은 이름을 불러야 마땅하지만 오늘도 반가움이 앞서 별명을 부르고 말았다. 그런데 "개똥이 아니고 내다." 라는 대답이 돌아왔다. 나한테 '내다'라고 당당하게 말할 수 있는 사람은 그리 많지 않다. 머릿속 안테나를 작동시켜 찾아보았지만 낯선 목소리의 주인은 탐지망에 잡히지 않았다. 혹시 잘못 걸린 전화가 아닐까 하는 생각이 들어 조심스레 "실례입니다만, 누구세요?" 하고 얌전하게 물었다. "야, 내다 내. 니 내 모르겠나." 하고 전화를 끊어버리는 게 아닌가. 황당하고 혼란스러웠다. 오늘은 친구들이 모임 하는 날인지라 참석하지 못한 나에게 전화를 한 것이구나, 짐작만 했다.

  서너 시간이 지나서 같은 번호가 또 걸려왔다. 받지 말까 하다가 받았더니 다짜고짜 하는 말이 "순영아, 내다. 니 진짜 내 모르겠나." 하지 않는가. 나를 알고 있는 사람임에는 분명한 것 같은데 나는 도무지 기억이 나지 않았다. 나이 환갑을 넘긴 나에게 황소 같은 목소리로 내 이름을 부르는 사람도 없을 테니 말이다. 해서 나도 "야, 누고. 이름 말해 봐라."라고 씩씩하게 대응을 했지만 돌아오는 응답은 뚱딴지같았다. 두어 달 전에는 '내다'라는 동무의 전화기로 개똥이가 전화를 했다는 말에 이어 여전히 나를 모르겠나, 섭섭하다는 말만 되풀이하더니 또 전화를 끊어버린다. 나는 모임에 가 있는 다른 친구에게 전화를 했다. 나한테 전화하는 사람이 누구인지 물었다. 그 동무도 가관이다. 오늘 오면 알 수 있을 것이라며 전화를 건 친구가 절대 알려 주지 말라고 했기 때문에 이야기를 해 줄 수 없다는 것이다.

  책장 구석에 있는 졸업앨범을 펼쳤다. 흑백사진 속에서 까까머리 남학생들이 눈에 힘을 가득 모아 나를 뚫어져라 쳐다본다. 모두 입 꼭 다물고 근엄한 표정을 짓고 있다. 남아男兒 열다섯에 못할 일이 무엇 있겠느냐는 표정이다. 소풍 가서 교모를 약간 옆으로 눌러 쓴 녀석의 표정도 정색이긴 마찬가지다. 산이라도 옮길 기세다. 동무들의 천진난만한 얼굴을 들여다보니 활짝 핀 나리꽃 같은 웃음이 저절로 난다.

  길모퉁이에 숨어 있다가 내 목덜미에 밤송이를 던졌던 아이일까. 다음날부터 그 일로 선생님께 혼이 난 동무와 침묵하며 눈싸움으로 한참 동안 신경전을 벌였던 일을 이제 화해라도 하려는 걸까. 아닐 거야. 이미 그 친구는 그 일을 까맣게 잊었을지도 모르지. 목소리도 어릴 적 그 음성이 아닌데…. 염소 주인 '깨똘이'일까. 집에서 기르던 염소가 학교까지 주인을 따라와 운동장에서 '메에~메에~' 주인을 부를 때, 교실에 있던 친구가 운동장으로 뛰어나가 염소를 교문 밖으로 쫓아 보내고 교실로 뛰어오는데 뒤에서 쫓아온 염소가 달려드는 바람에 고무줄 바지가 벗겨졌던 아이. 그때 낯이 홍당무가 되어 몸 둘 바 몰라 했던 순간을 얘기하려는 건 설마 아니겠지.

  자전거를 타고 학교 앞 신작로를 씽씽 달리던 눈이 까만 재국이와 운동장에 여학생들이 잔디밭을 정리하면서 모아 둔 돌멩이를 리어카에 싣고 유난히 천천히 가던 세형이도 있었지. 키가 작고 얼굴이 뽀얀 아이였는데…. 내 하얀 새 운동화에 몰래 검정색 물감을 뿌려 나를 몹시 속상하게 했던 녀석, 그 악동이 지금에서야 자수를 하려고 행여나 전화한 건 아닐까. 장난꾸러기 동무들을 생각하느라 시간 가는 줄 몰랐다. 하지만 앨범을 넘기며 주소록까지 살펴도 잃어버린 기억조각은 찾을 수가 없었다.

  늦은 저녁, 전화기에 개똥이 또 나타났다. 이름을 꼭 알아내리라 마음을 먹고 전화를 받았다. 내 딴에는 머리를 썼다. "사실은 네 이름이 내 머릿속에서 뱅글뱅글 도는데, 말이 얼른 안 나오네." 내 말이 끝나기가 무섭게 개똥이는 알고 소똥이는 모르느냐, 냉정하게 그럴 수 있느냐, 너무하다며 따지기까지 한다. 얄팍한 나의 전략은 한 방에 날아가고 말았다. 갈수록 태산이다. 소똥이는 또 누구란 말인가. 졸업하고도 마흔 번이 훌쩍 넘는 봄을 맞이했으니 어찌 안단 말인가. 그래, '내가 나를 모르는데 내가 너를 어찌 알겠느냐'고 큰소리 질렀더니, 통쾌하게 웃었다. 웃음소리가 마치 폭포수 같았다.

  전화기에서 시끌벅적한 소리가 들리는 걸 보니 동무들이 나를 놀리면서 함께 즐기고 있는 것이 분명하다. 내가 모임에 가지 않아 동무들이 더 즐거워하는 것이라 여기며 참석하지 못한 아쉬움을 달래었다. 이런저런 이유로 신명이 나지 않는 작금에 나를 한 달음에 단발머리 소녀로 변신시켜 깔깔거리며 웃을 수 있는 기회를 준 동무들이 고맙다. 그런데 걱정이다. 그 동무가 아주 어려운 숙제를 냈다. 다음에는 꼭 이름을 불러달라는 것이다. 끝내 이름을 밝히지 않은 동무. 대관절 '내다'는 누구일까.

봄, 홀로나기

홀로 봄을 즐기는 나날에 익숙해지려고 한다. '코로나19' 확산으로 일터에도 나가지 못하고 외출을 자제하고 있다. 아파트 승강기 안에도 손소독제가 비치되었고 손이 자주 닿는 부분은 항균비닐로 덮였다. 수일 전에는 국가에서 정해주는 날 약국 앞에 줄 서서 기다리면서 마스크도 샀다. 우울한 그림자가 드리워진 도시 같다. 이럴 때는 혼자 있는 것이 편하다.

혼자서 할 수 있는 일은 참 많다. 그 가운데 독서만 한 즐거움이 또 있을까. 적당한 게으름을 부리며 찻잔을 들고 서재에 든다. 그동안 손길을 기다리던 책을 펼치면 금세 책속으로 빠져든다. 책이 나를 기다렸고, 내가 책을 그리워했으니 그 만남이 즐겁지 않을 수 없다. 책은 나에게 잊혀져가는 기억들을 되살려주고, 또한 새로움을 선사한다. 나는 옛 선조들의 발자취를 통해 지혜를 얻기도 한다. 수많은 문자들과 밀어를 나누다보면 하루가 기차처럼 지나간다.

 봄이다. 언 땅에서 아기손톱만 한 새순들이 고개를 내밀고, 나목도 푸른 물 머금어 촉촉할 것이다. 바위 틈사이로 흐르는 개울물도 봄소식 전하느라 종종걸음일 게다. 외출을 했다. 자동차를 운전해서 집을 나서자 지척에 매화가 벌써 지고 있다. 개나리·조팝꽃·유채꽃·복사꽃·벚꽃들이 봄이 왔다고 함성이다. 산천은 넓은 도화지에 연둣빛으로 밑그림을 그리느라 한창이다. 눈부신 계절이다. 꽃길을 따라 바다로 향한다. 행복은 이런 것이리라. 홀로 다닐 수 있는 자유, 몸도 마음도 건강한 가족, 편히 쉴 내 집이 있으니 더 바라면 욕심이 아닐까. 창문을 열자 바다 향이 상쾌하다. 그런데, 놀랍다. 이런 광경 처음 본다.

 마스크를 착용한 사람들이 해변에 드문드문 서서 바다를 하염없이 바라보고 있다. 코로나로 인한 낯선 풍광이다. 불안한 미래와 답답한 마음을 떨치고 바다 같은 일상을 소망하는 사람들이리라. 선진국이라고 알려진 서방과 유럽에서도 코로나 감염으로 사망자가 1만 명을 훌쩍 넘어섰다고 한다. 환자를 보살피는 의료진이 감염되어 사망하기도 하니, 공포의 도가니 같다. 뿐만 아니라 국제 항공기들도 멈추었으며, 도서관과 박물관도 문을 닫았다. 학교와 광장, 길거리에는 인적이 뜸해졌다. 해안 길을 돌아 들녘이 이어지는 길로 달린다.

찬란한 봄날이다. 고향 친구의 전화를 받았다. 어머님이 돌아가셨다고, 조문은 받지 않는다고, 나지막이 이야기하던 동무의 말이 귓가에 맴돈다. 일상의 소중함을 되새긴다. 일찍 일어나서 아침식사 준비하랴, 식탁 정리하랴, 옷매무새 가다듬으랴…. 종종걸음으로 출근하는 일상. 일터에서 만나던 다양한 사람들, 퇴근길에 벗들과 밥 먹고 차 마시며 떨던 수다, 함께 길을 걸으며 나누던 담소들…. 그 평범한 시간들에 감사한다.

부지런한 농부들은 들녘에서 씨앗 뿌릴 채비가 한창이다. 배나무를 매만지며 봄맞이 준비를 하시던 아버지가 생각난다. 배나무도 베어졌고 아버지도 우리 곁을 떠나셨지만 아버지의 체취는 배밭에 남아있다. 양지 바른 곳, 아버지의 집에 왔다. 불러도 대답을 들을 수 없다는 것을 알면서도 나는 아버지께 주절주절 이야기를 하다가 아무 말 없이 잔디 사이에 돋아있는 잡초를 뽑고 돌멩이를 주워낸다. 아버지의 마음을 아프게 했던 나의 언행들을 주워 담듯이. 한참을 그러고 나서 돌아보니 아버지의 마당이 듬성듬성하다. 원형탈모 앓는 머리 같아 마음이 아리다. 호미를 내려놓고, 크게 숨을 마신다. 산자락 공기가 참 맑다. 꽃만큼 어여쁜 새순들이 지천이다. 무덤가 마른 덤불 속에 돋아나는 쑥이 눈에 띄었다.

 여린 쑥을 한 움큼 뜯었다. 보드랍다. 향긋하다. 온몸으로 스며드는 봄이다. 봄을 한 아름 안고 와 집에 펼쳤다. 봄 동산이 되었다. 쑥국을 끓였다. 쑥 속에 숨어있던 연둣빛이 환하다. 빛깔로 향기로 집안이 봄의 궁전이 되었다. 봄을 먹는다. 뜨거운 국물을 한 숟가락 떠먹을 때마다 허리를 굽힌다. 내 안에 있던 어둠은 사라지고 화사한 봄이 되었으면 좋겠다. 코로나19로 인해 지구촌 곳곳에 '침묵의 봄'이 진행 중이다. 이 또한 곧 지나갈 것이다. 이참에 하늘과 산, 바다도 더 자주 바라보고, 나무와 풀과 꽃들과도 더 자주 마음을 나누고, 빼곡하게 직립하고 있는 책들과도 더 자주 눈 맞춤을 해야겠다. 홀로 지내는 봄날, 외롭지 않다.

새해 첫날 토함산에서

 텔레비전을 통해 송년 타종행사를 보고 새해 첫날 떠오르는 해를 맞이하러 석굴암으로 향했다. 시댁이 바닷가마을인지라 '날마다 뜨는 해가 뭐가 그리 특별하다고 사람들이 저리 야단들인고.' 하시던 아버님의 말씀에 나도 수긍하는 편이지만 산에서 맞이하는 일출은 아주 특별할 것이라는 생각이 들자 토함산으로 달려가지 않을 수가 없었다. 두터운 외투와 모자, 목도리와 장갑, 마스크 등을 챙기고 토함산으로 달려갔다.

 새벽 네 시, 어둠을 깨우는 불국사 범종소리가 토함산자락으로 울려 퍼졌다. 고요한 종소리를 가슴에 담으며 석굴암 등산로를 따라 토함산으로 향했다. 매서운 바람이 쉽게 길을 열어 주지 않앉다. 찬 바람은 산을 흔들었으나 단단히 무장을 하고 손전등으로 길을 비추며 약수터까지 왔다. 약수터를 지나 옛 사람들이 그랬던 것처럼 손전등을 끄고 걸었다. 점점 어둠이 눈에 익기 시작했다. 까만 하늘에 떠있는 동짓달 스무사흘 달은 냉정슈靜하고도 뜨거웠다.

 묘시가 시작될 즈음, 석굴암 입구에 이르렀다. 평일에는 오전 일곱 시부터 입장을 하지만 오늘은 특별한 날이라 일찍 들어갈 수 있다는 말을 듣고 추위를 피하기 위해 화장실로 갔다. 사람들로 가득했다. 깜짝 놀랐다. 칼날 같은 바람을 피해 사람들이 이곳에 모여 있었던 것이다. 특별한 시설물이 없는 겨울 산중턱에서 뺨을 할퀼 듯한 세찬 바람을 피하기에는 이곳만 한 곳이 없기도 하다. 석굴암 부처님을 뵈려면 더 기다려야 했다. 포장마차에 들러 뜨뜻한 국물과 어묵을 먹었다.

 강풍이 포장마차를 통째로 날려 버릴 것만 같았다. 주인아주머니는 오십만 원을 들여 포장마차를 만들었는데 날아가면 큰일이라며 어쩔 줄 몰라 하면서도 김이 술술 피어오르는 국물을 한 바가지 더 얹어 주었다. 다시 아늑한 화장실로 돌아왔다. 그곳에서 컵라면을 먹기도 하고 구석에서 새우잠을 자는 사람도 있다. 컵라면을 달게 먹는 사람도 그러려니와 그들을 바라보는 많은 사람들도 나무라거나 짜증을 내는 사람은 단 한 사람도 없다. 평소에는 감히 상상도 하지 못할 정경이다.

  이윽고 부처님을 뵈러 갈 수 있는 시간이 되었다. 연등이 줄을 지어 은은하게 밝혀 길을 열어주었다. 간간이 외국인도 있었다. 이들은 한국 사람들이 새해 해맞이하는 광경을 어떻게 생각할까. 잠도 자지 않고 춥고도 깊은 밤에 산에 올라 떠오르는 해를 향해 두 손 모아 간절하고도 엄숙한 모습으로 허리 숙여 절하며 기원하는 모습을….

  언제보아도 석굴암 부처님은 인자하고 온화한 표정으로 앉아있다. 변함없는 모습을 뵙고 나오니 푸르스름한 빛이 마당을 쓰다듬고 있었다. 일출을 맞이하려면 한 시간 남짓 더 기다려야 했다. 떡국 공양하는 곳으로 갔다. 길게 줄을 서서 기다렸다가 한 그릇을 받았다. 주고받는 손들이 훈훈하다. 김 부스러기와 김치 몇 조각을 함께 담아 준 떡국이지만 사람들은 곳곳에 서서 진수성찬인 듯 먹는다. 감사한 마음으로 빈 그릇을 내려놓고 '임시 휴게소'라고 적힌 천막을 들여다보았다.

  여기에도 사람이 가득하다. 삼삼오오 모여 앉아 도란도란 이야기를 나누기도 하고 단잠에 취한 사람도 있다. 전날 초저녁부터 제야의 타종행사와 법회에도 참여하고, 토함산에서 일출을 맞이하고 감은사지가 있는 곳으로 갈 것이라는 한 가족을 만났다. 발그스레한 뺨이 예쁜 일곱 살 여자아이가 반짝이는 별 같았다. 준비해 간 뜨거운 물로 커피 한잔을 마시고 석굴암 앞으로 해를 맞이하러 갔다. 좁은 마당에 사람이 가득했다.

 수많은 사람들은 모두가 부처였다. 석굴암 부처님을 닮은 온화하면서도 근엄한 표정들이었다. 즐거워 춤추는 사람도 없고 슬퍼서 눈물 흘리는 사람도 없다. 오직 묵묵히 길을 걸으며 태양을 기다릴 뿐이었다. 세계 모든 사람들이 지금 이 순간만 같다면 진정한 평화가 이루어지지 않을까. 태양이 온 누리를 골고루 밝게 비추듯이.

 먼 데 하늘에서 붉고 상서로운 기운이 서서히 번졌다. 많은 사람들 틈에서 일출을 볼 수 없을 것 같아 토함산 정상으로 향했다. 바람은 더욱더 날카로웠고 발걸음은 더디었다. 한참을 오르려니 발갛게 익은 해가 떠올랐다. 온 누리에 빛과 희망을 줄 보석 같은 태양이다. 해는 살그머니 얼굴을 내밀다가 수줍은 듯 살포시 숨더니 사람들이 기다린 정성에 감응이라도 하는 듯 구름을 헤치고 동그렇게 솟아올라 마침내 찬란한 황금빛으로 서라벌을 환하게 비추었다. 명활산성과 남산, 월성과 대릉원지구, 금척리와 소금강산…. 신라 땅 구석구석은 금빛으로 깨어나기 시작했다. 새해 첫날 토함산은 엄숙했다.

베갯모

　자금산 자락에 위치한 덕동문화마을에 있는 덕동민속전시관 문을 밀고 들어갔다. 팔작지붕 단층 건물 전시실에 어릴 때 고향 사람들이 사용하던 물건들이 고스란히 모여 있다. 엽전 꾸러미와 산표算表, 현판, 서책, 승경도, 풍금, 항아리… 등 선조들의 손때 묻은 유물들이 쓰임을 다하고 쉬고 있다. 하나같이 소중한 물건들이다. 전시물들을 찬찬히 살펴보다가 베갯모를 만났다. 발이 떨어지지 않는다. 이들이 마치 나를 기다리고 있었다는 듯 나를 붙잡는다. 빨간색 비단 천에 한 쌍의 학과 복스러운 목단이 정성껏 수놓인 목침과 베개 마구리, 낯설지 않다. 이뿐이 언니가 생각났다.
　앞집에 살던 언니를 동네 사람들은 '이뿐이'라고 불렀다. 내일이면 가마 타고 시집갈 언니가 보고 싶어 어머니를 따라 잔칫집에 갔었다. 언니가 있는 방 댓돌에는 눈이 부시도록 새하얀 코고무신 한 켤레가 얌전하게 놓여 있었다. 나는 나지막한 축담에 올라 빠끔하게 열린 문틈으로 언니를 보았다. 고요히 앉아 수를 놓고 있던 언니는 인기척도 들리지 않는지 꼼짝하지 않았다. 방문을 살며시 열고 방 안으로 들어갔다.

  방문 옆에는 나무로 만든 둥근 다람쥐집이 있었고, 다람쥐 한 마리가 쳇바퀴를 돌리면서 정신없이 달렸다. 정이 많고 예쁜 주인과 작별할 날이 다가오자 어쩔 줄 몰라 발을 동동 구르는 것 같았다. 동동 발길질하는 다람쥐를 한참 동안 구경하다가 언니의 뒷모습을 보았다. 쓸쓸하고 외롭게 보였다. 왜 그렇게 느껴졌는지 모르겠다. 아마도 언니를 자주 볼 수 없다는 섭섭한 마음이 앞서지 않았나 싶다. 언니의 뒷모습을 가만히 바라보다가 혹시 언니가 울고 있을지도 모른다는 생각도 했다. 내일부터는 우물가에서도 빨래터에서도 볼 수 없을 언니를 생각하니 갑자기 슬퍼졌다. 조심스레 언니 가까이로 다가갔다. 살짝 고개 숙이고 있는 옆모습이 참 예뻤다. 마을 사람들이 '이뿐이'라고 부르는 이유를 알 것 같았다.

  그런데 나는 더 예쁜 것을 보았다. 빨간색 비단 천에 고운 색실로 수놓은 베갯모를 본 것이다. 모란꽃 두 송이가 활짝 피어있고 가장자리에는 오색으로 아亞 자형으로 테두리가 수놓인 예쁜 베갯모였다. 언니는 우는 게 아니라 수놓은 베갯모를 고개 숙여 마무리하는 중이었다. 마지막 실매듭을 짓고 실밥을 정리한 다음 묶어두었던 보자기를 펼쳤다. 보자기 속에서 베갯모는 물론이요, 목단꽃이 활짝 핀 밥상보와 포도넝쿨이 가득한 가위집, 한 마리 거북이가 앉아 있는 바늘꽂이들이 모습을 드러냈다. 정말 예뻤다. 세상에서 이보다 더 예쁜 것은 없을 것 같았다. 모두 다 직접 만들었다고 했다. 언니가 꼭 마술사처럼 보였다.

 집으로 돌아와 어머니가 가끔 열어 보시던 색실상자를 꺼냈다. 습자지 공책 한장 한장에 각기 다른 색실들이 가지런히 놓여 있었다. 나는 부드러운 습자지 속에 있는 색실들을 들여다보는 것만도 즐거웠다. 어머니는 시집올 때 옥양목에 날개를 활짝 펼친 학을 수놓은 방석, 소나무에 학이 앉아 있는 양복덮개, 한쪽 벽 전체를 가릴 수 있는 횃댓보도 수를 놓아 만들어 혼수품으로 가져왔다. 큰 횃댓보 가운데에는 십장생, 양쪽에는 긴 꼬리를 드리운 봉황이 마주 보고, 네 모서리에는 남색실로 한 글자씩 수·복·강·녕壽·福·康·寧이 반듯하게 새겨져 있었다. 횃댓보의 쓰임은 옷장을 능가했다.

어머니도 이뿐이 언니처럼 빨간 댕기를 드리운 채 한 올 한 올 꿈을 담아 수를 놓았으리라.

　요즈음은 결혼 풍습도 많이 달라졌다. 신부들이 수놓은 혼수품을 준비할 겨를이 없다. 모두 바쁘다. 가끔은 아름다운 자수刺繡를 감상하며 오색실로 수놓던 새색시의 모습을 생각하는 것만으로도 조급한 마음을 가다듬을 수 있지 않을까.

　어머니의 방에는 동그란 옥양목에 알록달록 자잘한 꽃이 수놓인 작은 덮개가 있었다. 어머니가 시집올 때 만든 화장품 바구니 덮개이다. 장롱 서랍에 있었는데 옷 정리를 하면서 꺼내놓았다고 하셨다. 자세히 들여다보니 십자수가 아주 촘촘했다. 내가 손에 들고 이리저리 보며 관심을 보였더니 그리 마음에 들면 이다음에 가져가라고 하셨다. 어떤 것들은 내가 마음에 들어 하면 바로 가져가라고 하시며 주셨는데 그렇게 하지 않았다. 속절없이 지나가 버린 젊은 날들의 서러움을 예쁜 화장품 덮개로 위안받으려고 하셨을까.

　어머니는 딸 하나, 아들 셋을 키우며 큰소리로 혼내는 일이 없었다. 우리들이 잘못한 일이 있으면 조용조용, 가만히 타이르셨다. 어머니는 안강읍 창말(양월리)에서 형편이 넉넉한 집 1남 2녀의 막내딸로 태어났다. 뽀얀 피부색에 윤기 흐르던 머릿결, 흑백 혼례사진 속 어머니의 자태는 참으로 온화하며 곱다.

 어머니의 이불장 속에는 지금도 빨간 비단에 한 쌍의 학이 마주보며 날개를 활짝 펼치고 있는 둥근 베갯모와 예쁜 꽃들이 '수壽'와 '복福'을 감싸고 있는 목침 두 개가 나란히 있다. 과연 어머니는 이 베개를 베고 달콤한 잠을 몇 밤이나 주무셨을까. 퇴색되어가는 어머니의 꽃다운 시절이 애잔하다. 우리 집 이불장에도 어머니가 주신 비단 베개가 있다. 가끔 우리 집에 오시면 장롱문 활짝 열고 이불과 베갯모를 물끄러미 바라보시곤 하셨다. 그때 어머니는 어떤 생각을 하셨을까. 쓰임을 다하고 유리 상자 안에서 잠자고 있는 베갯모, 어머니의 일생을 닮았다. 요양병원에 누워계시는 어머니처럼.

별

  이사를 했습니다. 편리한 시설과 잘 가꾸어진 정원이 있는 아파트입니다. 고요한 밤, 커튼을 열고 밖을 내다봅니다. 멀리 보이던 산은 어둠 속에 깊이 엎드려 보이지 않습니다. 건너편 건물에서 간간이 빛이 새어 나옵니다. 어느 수험생의 책상 위를 밝히는 불빛인지 밤잠을 설치는 아가의 이마를 지키는 빛인지 은은합니다. 네모난 빛 아래에 크고 작은 빛들이 땅위를 가만히 비춥니다. 마치 하늘에서 반짝이는 별 같습니다. 큰 별 작은 별, 가끔 유성같이 달려가는 자동차 불빛까지. 정말이지 하늘의 별들이 땅으로 내려온 것 같습니다. 땅에 펼쳐진 별들을 보니 문득 별똥별을 보러 갔던 일이 생각납니다.

어느 여름날, 떨어지는 별을 보려고 산중턱으로 갔습니다. 가로등도 없는 캄캄한 산속, 하늘을 올려다보니 반짝이는 별들이 내 머리 위로 쏟아질 것 같았습니다. 한참을 서서 쳐다보다가 누워서 별을 보기로 했습니다. 돗자리를 펴고 누우니 햇볕에 달구어져 있던 땅의 열기가 아랫목처럼 등을 따스하게 해주었고, 산 위에서 부는 서늘한 바람은 상쾌하기 이를 데 없었습니다. 그렇게 누워서 별똥별이 쏟아지기를 기다리다 살짝 잠이 드려는 순간, 유성은 순식간에 어디론가 날아가 버리곤 했습니다.

눈을 크게 뜨고 하늘 어느 귀퉁이에서 떨어질 별똥별을 기다리노라면 또 눈이 스르르 감기곤 하였습니다. 세상에서 제일 무거운 것이 눈꺼풀이라더니 정말 그런 것 같았습니다. 졸음을 깨우려고 일어섰다 앉았다 서있기를 몇 번 한 후 정신을 가다듬고 하늘을 바라보았습니다. 조각별 하나가 가느다란 선을 그리며 어디론가 날아가더군요. 멀리서 별 조각이 하나둘 떨어지기 시작하더니 마침내 여기저기에서 굵은 빗방울처럼 쏟아졌습니다.

넋을 잃은 듯 하늘만 바라보았지요. 저렇게 많이 떨어지는 별들은 어디로 가서 무엇이 될까. 무슨 연유로 땅에 내려오는 것일까. 천신의 노여움으로 쫓겨난 별일까. 하늘신의 심부름으로 인간세계에 이로움을 주려고 강림하는 것일까. 아님 먼저 떠난 아기별을 찾으려고 내려오는 엄마별일까. 아빠별일까? 머릿속이 별들로 가득해지자 나는 마법에 걸린 듯 어린아이가 되었습니다.

밤이 짧은 날이었습니다. 어머니께서는 밀가루를 반죽하시어 국수 가락을 한석봉의 어머니처럼 썰었습니다. 그러시고는 아궁이에 불을 지펴 큼지막한 솥에 숭숭 썬 애호박을 넣은 칼국수를 만들었습니다. 온 식구가 두레상에 앉아 들깻가루를 듬뿍 얹은 국수를 배불리 먹은 해거름녘이었습니다. 아버지께서 지펴두신 모깃불을 저만치에 두고 동생들과 멍석에 누워 밤하늘을 바라보았지요. 이런 날은 등에 멍석자국이 무늬처럼 찍히곤 했습니다.

산촌의 밤은 오지게 캄캄했습니다. 호롱불을 들고 밤길을 걷고, 호야를 기둥에 걸어 마당을 밝히곤 했습니다. 촛불 아래에서 책을 읽다가 머리카락이 그슬릴 때면 졸음은 순식간에 사라졌지만 노릿한 냄새가 방 안에서 한참 동안 서성거리곤 하던 때입니다. 열 살 남짓 된 소녀는 별을 바라보며 『어린왕자』를 생각했습니다. 그 책은 방학 때 이모네 집에서 얻어온 귀한 책이었지요.

어린왕자가 사는 별에 '바오밥나무'가 있는데 그 나무는 어릴 때 뿌리를 뽑지 않으면 뿌리가 깊이 자라서 구멍을 뚫고 마침내 폭발해 버린다고 했습니다. 아버지께서는 우리들에게 '세 살 버릇 여든 간다.' 하시며 어릴 때부터 올곧은 마음을 지니도록 훈육하셨습니다. 소녀도 가끔씩 밤하늘에서 떨어지는 별은 하늘나라에서 뽑힌 어린 바오밥나무가 아닐까 생각하곤 했답니다.

    할머니는 별은 저마다 주인이 있다고 하셨습니다. 유난히 반짝이는 별은 길 잃은 주인을 위해 등불을 환하게 밝혀 둔 것이라고 말입니다. 귀가가 늦은 아버지를 위해 어머니가 등불을 처마 아래에 걸어두는 것처럼 말이지요. 별나라도 사람들이 사는 세상과 다를 바 없는가 보다, 라고 여기곤 했습니다.

    또한 사람들은 별을 예언자로 여기기도 했지요. 신라 선덕여왕 때 일입니다. 하늘에서 별이 떨어지자 불길한 징조라고 여긴 비담은 명활산성에서 난을 일으켰답니다. 이에 백성들이 혼란스러워하자 김유신은 연 꼬리에 불을 붙여 하늘로 올려 보낸 후 간밤에 떨어진 별이 다시 하늘로 올라갔다고 하여 백성들은 안심하게 되었다고도 합니다.

    산에서 우러러보던 별을 집에서 내려다봅니다. 하늘에서 땅으로 내려온 별들입니다. 별을 바라보는 사람들이 없으니 별이 사람을 보러 도시로 온 것 같습니다. 가끔은 별과 달, 하늘을 바라보며 살라고, 진리는 멀리 있는 것이 아니라 가까이에 있다고 일깨워 주러 온 것 같기도 합니다.

별을 보러 사막으로 가는 사람들도 있습니다. 태곳적 신비스러운 그 별을 만나기 위함이겠지요. 원초적인 별을 보고 시원으로 돌아가려는 현대인의 염원이라고 해야 할까요. 칠흑 같은 어둠이 참으로 귀한 시대입니다. 불과 사오십여 년 전의 일들이 까마득한 옛이야기처럼 여겨집니다.

나는 땅에 있는 별 밭 작은 귀퉁이에 삽니다. 무논에 맑은 하늘과 한가로이 떠다니는 구름이 내려오듯이 도시의 밤에는 별들이 내려오는가 봅니다. 유관순별, 이육사별, 법정스님별, 김수환 추기경별…. 그리고 내 아버지별과 어머니별이 도시의 밤을 밝힙니다. 침묵하는 별들의 오래된 언어들이 샛별처럼 반짝입니다.

호야

  몇 해 전, 화분을 하나 선물 받았다. 싱싱한 잎을 자랑하는 제법 큼직한 화분이다. 받아들고 걱정이 이만저만이 아니었다. 집에 있는 것도 잘 보살피지 못하는데 그렇다고 고마운 마음을 거절할 수도 없었다. 햇살과 바람이 잘 드는 곳에 두고 때때로 물도 주고 나름대로 정성을 들였지만 잎이 누렇게 되면서 한 장씩 떨어지기 시작했다. 어느 날 가만히 들여다보니 잎 뒷면에 자잘한 벌레들이 꼬물 꼬물거리고 있었다. 화분을 잘 가꾸는 사람이 보더니 벤자민이 살아날 희망이 보이지 않는다는 것이었다. 화분을 내게 준 사람의 마음을 생각해서 영양제도 주고 약도 썼지만 마지막 잎줄기까지 힘없이 떨어지고 말았다. 떨어진 잎들을 거두어 내고 흔들거리는 대궁까지 뽑아내자 화분을 덮고 있던 부드러운 이끼가 환하게 드러났다.

  높은 바위에서 뿌리를 내리고 잎을 활짝 펼치고 있는 '바위손'을 떼어 집으로 가져와서 수반에 담아두고 나름대로 보살피며 푸르른 손을 감상한 적 있다. 며칠 동안 여행을 하고 돌아와 보니 바위손은 주먹을 꼭 움켜쥐고 있었다. 마치 목마름을 견디려고 안간힘을 쓰는 것 같았다. 얼른 물뿌리개로 물을 듬뿍 주었다. 그런데 한참을 지나도 하룻밤을 자고 일어나도 돌처럼 굳어진 손은 끝내 펴지를 않았고 한두 송이만 작은 손을 겨우 펼 뿐이었다. 본디 있어야 할 자리에 있어야 푸르게 오래 살고 많은 사람들의 사랑을 받을 터인데 나만 보려고 뜯어 와 아파트에 가두어 놓았으니 얼마나 답답했을까. 죄책감이 밀려왔다.

  대궁을 뽑아낸 화분에 남아있는 이끼를 보며 심한 갈증으로 죽도록 하지는 말아야겠다고 생각하며 물도 자주 주고 들며 나며 눈 맞춤을 했다. 어느 날 이끼 사이에 도톰한 잎사귀가 서너 장 달린 이름 모를 풀도 얼굴을 내밀었다. 이끼도 싱싱하게 잘 자라지만 이름 모를 풀이 더 씩씩하게 자라 넝쿨을 이루면서 화분을 가득 채웠다. 화분 밖으로 길게 늘어뜨려지는 줄기를 화분 위로 올려 둥글게 자리 잡게 해주었다. 어느새 싱싱한 잎이 연둣빛 이끼를 덮었다. 물을 주고 잎사귀를 덮고 있는 먼지도 닦았다.

 비 내리는 날 화분을 손질하다가 깜짝 놀랐다. 무성한 잎사귀 뒤에서 꽃이 피어있었다. 연분홍 색깔의 별처럼 생긴 꽃이 향기도 아주 진했다. 가족들을 불러 꽃을 보여주었다. 모두들 신기해하며 들여다보고 향기도 맡아보고 행복해했다. 그런데 무심하게도 꽃 이름을 몰랐다. 길거리에 꽃모종을 파는 곳을 지나오다가 잎사귀가 똑같이 생긴 것을 보고 아주머니께 물었더니 '호야'라고 했다. 꽃이 그렇게 작으면서 매력덩어리인데 어찌 이름이 어울리지 않는 듯해서 꽃집에 가서 물어보니 역시 '호야'라고 했다. '호야'라고 이름을 불러주기로 하였다.

 새벽에 일어나 창문을 열 때도 아침 커피를 마시고도 호야를 들여다보았다. 학교 갔다 오는 아이들도 작은 꽃을 들여다보며 '호야~'

 라고 사랑스레 불렀다. 가족의 사랑을 받아서인지 아주 작은 돌기가 소복하게 맺힌 한 줄기 꽃대가 그 옆에서 또 생겨났다. 첫 번째 꽃은 무심한 탓이었던지 일곱 송이만 피웠는데 두 번째는 서른 세 송이나 한꺼번에 피웠다. 한 개의 꽃대에 서른 송이가 넘는 꽃

송이가 매달려 땅을 향하는 모습은 마치 쏟아지는 불꽃놀이의 한 장면 같기도 하고 아기들의 까르르 꽃웃음 소리가 조롱조롱 매달려 있는 것 같기도 했다.

새벽에는 꽃송이마다 아주 맑은 수정 구슬을 매달고 있었다. 살짝 손가락에 묻혀서 맛을 보았더니 아주 달콤했다. 호야는 한 줄기의 꽃대를 거두어들이고 나서 새로운 꽃대를 밀어 올렸다. 한꺼번에 두 줄기의 꽃은 보여 주지 않았다. 마치 자질구레한 이야기를 주절주절 늘어놓는 것이 아니라 한 가지 이야기로 압축해서 들려주는 것 같았다. 늦여름까지 네 줄기의 꽃을 피우고는 잠을 자기 시작했다. 무성한 잎을 뽐내며 사랑을 독차지하고 있는 호야에 관해 찾아보았다.

호야학명: Hoya carnosa는 박주가릿과 상록 덩굴로 중국 남부·동남아·호주 등이 자생지인 아열대성 식물이다. 우리나라에서는 그냥 '호야'라 불리고, 잎에 무늬가 있는 품종은 '무늬호야'라 불린다. 오월부터 구월 사이에 꽃을 피우며 잎이 두툼한 다육질 식물이므로 물을 절대로 자주 주지 말아야 한다고 적혀 있었다. 물을 자주 주어서는 안 되는 식물인데 하마터면 나의 무지로 또 쓰레기통으로 버려질 뻔했으니 실로 아찔하다. 나의 게으름으로 무늬호야가

꽃을 피운 셈이니, 적당한 게으름과 무관심이 필요한 때도 있는 모양이다. 사람과 사람 사이도 적당한 거리와 무관심이 지나친 관심보다 더 필요한 때도 있듯이 말이다.

우리 집에는 '호야'라는 이름이 두 종류로 불린다. 싱싱한 잎사귀와 귀여운 꽃을 피우는 식물 '호야'도 있지만 건강하게 자라는 사람 '호야'도 있다. 아들아이의 이름 끝 글자가 '호'이다. 꽃을 부를 때는 고운 목소리로 하지만 아들을 부를 때는 그렇지 않다. 사람이 꽃보다 아름답다는 말도 있지만 아들을 부를 때 꽃보다 더 고운 목소리로 부른 기억은 없다. 오늘은 소중한 아들에게 부드러운 목소리로 '호야~'라고 불러봐야겠다. 아들은 어떤 표정을 지을까?

원고지

　연일 코로나19로 세상이 떠들썩하다. 신문일면을 장식하는 마스크를 쓴 장면과 관련기사들이 마음을 우울하게 한다. 어느 지역에 확진자가 몇 명 발생했으며 그들이 다닌 동선動線까지 알려주는 휴대전화의 안전문자가 더 우울하게 한다. 어쩌란 말인가. 눈에 보이지도 아니하는 바이러스가 공기 중에 떠돌아다닌다고도 하고, 호흡이나 접촉을 통해서도 감염이 된다고 하니 속수무책이다. 마스크를 마련하려는 사람들이 장사진을 이루고, 거리를 다니는 시민들은 모두 마스크를 착용했다. 일부 직장은 폐쇄를 하고 상가들도 문을 닫았다. 외출을 못 하게 하니 가족들 간의 대화가 늘어났다는 소식도 있긴 하지만 이런 상황을 반길 사람은 없을 것이다.

  딸아이가 대구에서 출산을 했다. 코로나19로 첫 번째 사망자가 발표된 2020년 2월 20일 산후조리원에서 퇴원하는 날이다. 계획대로라면 퇴원 후 딸은 딸이 거주하는 집으로 산후도우미를 불러 몸조리를 할 예정이었다. 그러나 면역력이라곤 전혀 없는 갓난아기와 산모를 산후도우미에게 맡기려니 겁이 났다. 더구나 대구에서 확진자가 발생하여 확산되었다고 하니 더욱 그랬다. 불안한 마음에 퇴원하는 딸과 아기, 그리고 사위를 우리 집으로 데리고 왔다. 내가 딸아이의 산후몸조리를 해주기로 마음을 먹었다. 신생아의 살림살이들이 어찌 그리 많은지, 아기침대·젖병소독기·기저귀 등등 아기에 딸린 물건들을 차에 가득 싣고 늦은 밤 포항으로 왔다.

  문화관광해설사들은 2월 24일부터 출근하지 말라는 지시가 내려졌다. 코로나 확산으로 줄어든 관광객과 시민의 안전을 위해 포항시에서 내린 결정이었다. 출근을 하지 않고 아기와 딸아이의 보살핌에 전념할 수 있게 되었다.

  날이 거듭될수록 대구는 코로나19의 진원지를 방불케 할 정도로 수많은 시민이 확진자로 밝혀지고 사망자가 늘어났다. 대구에서 포항으로 데리고 오기를 잘했다는 생각이 들었다. 하지만 포항도 예외는 아니었다. 대구와 포항을 오간 사람들에 의해서 감염이 되고 그들의 동선이 전파를 타고 보도되었다. 과연 IT강 국답다. 개인의 사생활이 노출되자, 의도적으로 숨기는 사람들도 생겨났다.

  방송에서 생후 45일 된 아기와 아기의 아빠와 엄마, 일가족이 확진자로 발표되었다. 어린아이의 아빠가 코로나19로 인한 첫 번째 사망자가 발생한 교회에 다니는 사람이라고 한다. 특정종교집회에서 확진자 수가 늘어나자 다른 교회나 성당 등 종교시설과 결혼식장과 장례식장에도 입장객 수를 대폭 줄였다. 거기다가 사람들에게 체온을 재어 상태를 확인한 후 입장을 시킨다.

  오래전에 읽은 어떤 책이 생각난다. 핵보다 더 무서운 것이 바이러스라고. 눈에 보이지 않는 바이러스나 세균으로 인해 지구가 멸망할지도 모른다고 예언한 책이었다. 당시 그럴 수도 있겠다는 생각으로 한참 동안 느꼈던 공포가 되살아났다. 정말 현실이 그 책의 내용처럼 되는 것은 아닌가, 불안과 두려움을 떨칠 수가 없었다.

  창밖은 맑은 날이었다가 구름 가득한 날이었다가 비도 내린다.

파란 하늘에 구름이 한가로이 떠가는 따스한 봄날이다. 찬란한 삼월이지만 사람들은 모두 환자처럼 마스크를 하고 거리를 다닌다. 영하의 날씨에도 마스크를 한 사람이 많지 않았는데 이렇게 따사로운 햇살 아래 마스크를 하고 다니니 답답하기 이를 데 없다.

뉴스에서 '마스크대란'이란다. 참으로 별난 세상이다. 추운 날 마스크를 사려고 약국 앞에 줄을 서서 기다리느라 감기가 들고 몸살이 날 지경이란다. 정부에서는 일주일에 2장씩 마스크를 살 수 있으며 출생연도에 따라 마스크를 살 수 있는 날도 정해서 발표했다. 착한 국민들은 정부 시책에 따라 정해진 날 정해진 장소와 시간에 맞추어 마스크를 마련했다.

우리 가족은 밖에서 집으로 돌아오면 현관 입구에서 옷을 갈아입고 손을 깨끗이 씻은 다음 거실로 들어왔다. 아기를 볼 때도 반드시 마스크를 하고 보살폈다. 나는 철저히 그 원칙을 지키면서 아기와 산모인 딸을 돌보며 집안일에만 전념한다. 아기를 안고 나직이 자장가를 부르며 거실을 서성거리노라니 회색빛 빌딩 숲속에 내가 있다. 가만히 바라보니 높은 아파트들이 모두 원고지 같다는 생각이 든다. 낮에는 아무것도 적혀있지 않는 빈 원고지였다가 햇살이 쓰다듬고 지나가자 원고지는 잘 익은 홍시 같은 노을빛을 머금었다. 서서히 낮달 같은 빛이 어리더니 칸칸마다 신비스러운 언어들로 빛이 났다. 아름다운 언어들이 저 어둠 속에 숨어 있으리라.

  어둠 속에 거대한 원고지가 반짝반짝 빛이 난다. 한 칸 한 칸마다 아름다운 이야기들, 슬픔과 아픔, 고통과 눈물, 이별과 사랑도 담고 있으리라. 알 수 없는 기호들로 채워진 원고지. 저마다 무게에 따라 사연에 따라 그 빛은 다르지만 모든 빛들이 어우러져서 세상을 밝힌다. 회색도시의 밤은 아름다운 문자들의 향연이다. 깊은 밤이 오면, 원고지에 적힌 문자는 흔적도 없이 지워지고, 간간이 말줄임표나 쉼표 같은 문장부호들만 남기도 한다. 내가 차지하고 있는 원고지 칸은 어떤 빛깔로 어떤 모양으로 비추어질까. 잠든 아기의 얼굴이 천사 같다.

이름을 지으며

  나에게 가장 어울리는 이름은 어떤 것일까. 나는 이름을 여러 가지 가지고 있다. 대한민국 국민으로 인정하는 이름이 하나 있고, 사이버에서 사용하는 이름이 몇 개 있다. 열세 자리 숫자와 함께 국가에서 증명하는 이름은 한국전쟁 후 가난하던 시절에 아버지께서 귀한 쌀 한 가마니를 주고 작명소에서 지은 것이다. 아버지는 걱정이 되실 만도 하셨으리라. 범띠 해 음력 정월 초순에 첫딸이 태어났으니….

  이름이라도 잘 지어서 삶이 순탄하기를 바라셨지 않았을까. 그렇지 않고서야 먹을 것이 없어 배를 곯는 사람들이 많은 시절에 그 소중한 쌀 한 가마니를 지게에 지고 가서 딸아이의 이름과 바꾸었을까. 이 후로 태어난 동생들은 모두 아들이다. 가운데에 항렬자를 넣고 한자 획수에 맞추어서 지은 이름들이다. 내 이름은 아들의 이름과 다르게 아버지께서 특별히 정성을 기울여 지어준 것인데, 그 이름에 걸맞게 내가 살고 있는지 부모님께 누를 끼치며 사는 것은 아닌지 가끔 되돌아본다.

지금은 사이버시대이다. 사이버에서 사용하는 이름이 필요해졌다. 내가 직접 내 이름을 만들어야 한다. 어떤 사람들은 자기 이름의 영어 이니셜로 만들기도 하지만 나는 아버지께서 나에게 애틋한 사랑으로 이름을 지어주셨듯이 나에게 특별한 의미를 부여하여 이름을 짓고 싶었다.

먼저, 내가 좋아하는 것부터 생각했다. 산이나 나무, 돌을 좋아하기에 이 중에서 찾으려고 생각을 모았다. 돌에 관심을 많이 가지고 있던 때였기에 '돌'로 하고 싶었다. 큰 바위부터 작은 모래에 이르기까지 형태는 달라도 근본성질이 변하지 않으니 매력적이다. 웬만한 충격에도 꿈쩍하지 않는 지조도 지니고 있다. 거기다가 모양이나 색깔이 똑같은 것은 하나도 없으며 크기에 따라 쓰임새가 다른 것도 선택의 한 요소가 되었다. 이런저런 생각들을 모아 '돌'로 결정했다.

사이버에서는 이름을 만드는 조건이 있다. 글자 수가 여섯 자를 넘어야 한다. 가능한 길게 늘려보았다. 알파벳으로 '돌dol'을 쓰고 그 뒤에 전화번호를 넣어서 '돌dol7539'가 되었다. 내가 내 이름을 처음 만든 순간이었다. 이 이름으로 메일주소도 만들어 자랑스럽게 지인에게 알리고 메일이 오기를 기다렸다. 그런데 며칠 후 왜 답장을 보내지 않느냐는 전화를 받았다. 확인하니 지인이 보냈다는 메일이 나에게 오지 않았던 것이다. '돌dol'의 알파벳 '엘l'이 숫자 '1'과 구별이 잘 되지 않아서 'do17539'로 메일을 발송했다고 했다. 새로운 발견이었다. 숫자와 구별이 확실하게 되는 다른 이름을 만들어야 했다.

내가 즐겨 찾는 산에 마음이 끌렸다. 산에 가고 싶은 마음이 일기 시작하면 혼자서도 달려간다. 그렇게 하지 않으면 마른장작에 타오르는 불같은 심상을 달랠 길 없다. 산은 만날 때마다 나에게 신선한 바람으로 마음을 가다듬어 주었다. '산san'을 적었다. 확인을 하니 이미 다른 사람이 사용하고 있어서 사용불가하다는 것이다. '산산sansan'을 해도 '산산산sansansan'을 해도 마찬가지였다. 생각을 바꾸었다. 차가운 겨울, 산 정상에서 내 뺨을 스치는 싱그러운 산바람, 그 바람이 살갗에 닿을 때의 느낌이란 아는 사람은 알 것이다. 그래서 '산바람sanbaram'으로 만들어보았다. 이것도 사용할 수 없다고 했다. '33'이란 숫자를 더 보태었다. '33'이란 숫자가 가진 의미도 여러 가지 있지만 무엇보다도 바람의 맛이 살아나는 것 같아 마음에 들었다. 해서 '산바람삼삼sanbaram33'으로 정하고 확인을 하니 사용이 가능하다는 초록색 글씨가 컴퓨터 화면에 나타났다. 상쾌한 산바람이 방 안에 가득해지는 것 같았다.

  아이디는 정해졌지만 닉네임이 필요했다. 처음 만들었다가 사용하지 않게 된 이름 '돌dol'에 미련이 있었다. 정성들여 지은 첫 이름인데 금방 사라질 위기에 처하게 되니 안타까운 마음이 들어서 별명으로라도 곁에 두고 싶었다. 닉네임에 '돌'을 기입했다. 한 글자를 적으니 너무 심심한 것 같아 긴 소리로 '도올'이라 쓸까 망설였다. 그 무렵 텔레비전에서 '도올 김용옥' 선생의 강의가 한창이었다. 도올 선생님이 지닌 학문의 경지를 생각하니 감히 사용할 수가 없었다. 변화가 필요했다. '은석隱石', '숨어 숨 쉬는 돌', '숨바꼭질하는 돌'로 할까 고민을 했다. 돌에 관한 생각을 하자 어릴 적 냇가에서 물수제비뜨며 놀던 동무들이 떠올랐다. 그랬다. 동무들은 돌을 '돌삐'라 불렀다. 어린 날 장난감이었던 '돌삐'를 닉네임으로 사용하기로 했다.

'이름값 한다'는 말이 있다. 이름에 따라 그 사람의 생활 모습이 달라진다는 의미일 게다. 사주팔자를 잘 본다는 데를 찾아간 적 있다. 그곳에서 시키는 대로 생년월일과 태어난 시간을 말했더니 손가락을 구부렸다 폈다, 뭐라 뭐라 중얼중얼하더니 '아이쿠, 아이쿠'를 몇 번이나 하면서 이름을 말해보라는 것이었다. 갓 입학한 어린아이처럼 한자의 음과 훈을 하나하나 또박또박 대답했다. 그러자 점쟁이는 고개를 끄덕이며 이름 덕을 톡톡히 본다고 했다. '남자였다면 큰 자리 해먹고 감방에도 들락거릴 운세일세. 여자는 그저 얌전한 현모양처가 제일인기라.'고 했다. 가슴이 콩닥콩닥 뛰었다. 비로소 그 어렵던 시절에 딸아이에게 부드러운 이름을 지어주신 연유를 알 것 같았다. 아버지와 어머니가 무척 존경스럽게 여겨졌다.

　오늘, 가끔 들르는 사이버 카페에 로그인했다. 친절하신 선생님 한분이 나에게 닉네임을 바꾸는 것이 어떻겠느냐고 하셨다. 그러면서 아예 근사한 이름을 하나 지어 주셨다. '돌삐'는 부르기에 뭣하니 '석공'으로 하면 어떠하냐고. '돌삐'와 '석공'을 양손에 들고 저울질했다. 현진건의 소설 『무영탑』에 등장하는 아사달과 혼신을 다해 돌에 숨어 있는 거대한 불상이나 보살상, 탑을 찾아 정으로 쪼아 세상에 드러나게 했던 옛 석공들이 거인처럼 나를 둘러쌌다. '석공'은 감당할 수 없는 두려움으로 다가와 사용할 자신이 없었다.

  바람같이 살고 싶다는 생각을 자주 하곤 했다. 눈에 보이지 않으며 누구에게나 공평하게 다가가 환희를 안겨주는 바람, 언 땅을 뚫고 파릇파릇 돋아나는 새싹 같은 바람이 되고 싶었다. 산천초목을 잠 깨우는 연둣빛 바람, '연두바람'으로 정했다. 아이디와 닉네임이 의좋은 남매 같다. 내가 나에게 지어준 이름 '산바람삼삼'과 '연두바람'. 겨우내 꽁꽁 언 눈을 녹이는 부드러운 바람, 그물에 걸리지 않는 바람, 그런 바람이 되고자 이름을 지어본다.

즐기자

 컴퓨터에 저장해 두었던 많은 자료들이 한순간에 사라졌다. 가슴이 철렁 내려앉으며 식은땀이 났다. 어떻게 해야 할지 아무런 생각도 나지 않았다. 며칠 동안 고민하다가 겨우 마음을 추스르고 '순영의 놀이터'라는 이름으로 인터넷카페를 만들었다. 여기저기에 흩어져 있던 사진과 글들을 찾아 방을 꾸미고 정리했다. 혼자서만 오롯이 즐길 수 있는 공간이 생긴 것이다. 집 밖에서 일을 하고 집으로 돌아오면 새롭게 생긴 나만의 놀이터에서 시간 가는 줄 몰랐다. 가족의 나무람도 언짢게 들리지 않았다. 그런 나를 이해하지 못하는 사람도 있지만 나는 즐거운 걸 어쩌랴. 금세 하루가 가고, 밤이 훤해지는걸. 무슨 일이든 즐겁게 하는 사람에게는 당할 자가 없다고 한다.

 아들은 요리사다. 고등학교에 입학한 이후로 줄곧 요리사가 되겠다며 요리학원에 보내달라고 보채었지만 학교공부에 충실히 하라며 미루어 왔다. 대학입학원서를 낼 무렵에 희망학과가 바뀔지도 모르는데 1학년 때부터 학교공부를 소홀히 한다는 것은 내 기준으로는 허락되지 않았다. 한 학기를 마칠 때마다 아들의 요리학원타령과 남편과 나의 학교공부타령이 선·후창 되었다.

 3학년 1학기가 되자 중간·기말고사를 치를 때는 열심히 공부하지 않는 모습이 역력했다. 수시1차에 원서를 내면 3학년 1학기 성적은 반영되지 않기 때문이란다. 대신 몸무게를 줄이겠다며 학교에서 집까지 15킬로미터 정도 되는 거리를 걸어서 다니며 건강관리를 했다.

 수시1차 원서 내는 첫날, 아들은 가고 싶은 학교에 원서를 제출했고, '합격'이란 글자를 확인한 다음 날, 그토록 원하던 요리학원에 등록했다. 한식조리사자격증을 따기 위한 공부가 시작되었다. 폭염경보가 내려진 날, 학원에서 숙제를 내주었다. 칠절판에 쓸 재료로 달걀노른자와 흰자를 분리해서 각각 프라이팬에 지단을 붙여 두께 0.2밀리미터, 길이 5센티미터로 썰어 오라는 것이었다.

아들은 학교를 파하고 오후 11시 무렵에 집으로 돌아와서 6척이나 되는 키에 가마솥 뚜껑만 한 손으로 가스레인지에 불을 켜고 땀을 줄줄 흘리며 신중하게 숙제를 했다. 그 모습이 대견하기도 하고 정말 저 일을 잘할 수 있을까 걱정이 되기도 했다. 이렇게 더운 날에 불 앞에서 음식하는 일이 힘들 텐데 지금이라도 늦지 않았으니 방향을 바꿀 생각은 없냐고 했더니 싱글벙글 웃으며 무척 재미있단다.

누가 시키면 저렇게 즐거운 표정으로 할까. 아들은 즐겁고 신나게 요리공부를 했다. 내가 신혼 시절에 구입해서 보았던 요리책들이 책장 아래쪽 구석에 있었다. 그 책들을 찾아 제 방으로 가져가서 시간가는 줄 모르고 책속의 사진들과 눈 맞춤하곤 했다. 행주와 계량 컵·스푼, 앞치마와 식재료를 담은 통을 넣은 불룩한 책가방을 어깨에 메고 씩씩하게 현관문을 나섰다. 며칠 전에는 실습한 돼지갈비찜을 먹지 않고 통에 담아 와서 식탁 위에 올리며 맛보라고 했다. 그 어느 때보다도 목소리가 동글동글했다.

실기시험을 보러 가기 전날, 집에서 도라지생채·수란·북어보푸라기 만드는 연습을 했다. 재미있냐고 물었더니 당연한 걸 왜 또 묻느냐고 했다. 밀대·석쇠·강판 따위의 준비물을 챙겨두고 흰색

가운을 입고, 머릿수건을 쓰고, 앞치마를 두른 채 거울 앞에서 이리저리 비추어 보며 벙글벙글 웃었다.

시험장에서 주어진 문제는 30분 만에 완성해야 하는 생선찌개와 20분 안에 완성해야 하는 육회였단다. 육회는 완벽하게 했는데 생선찌개는 시간 안에 하긴 했지만 마지막에 쑥갓을 깜빡 잊고 올리지 않았단다. 학원에서 공부할 때는 큰 생선이었는데 시험장에서는 작은 것이어서 긴장이 되어 땀도 흘렸단다. 합격했으면 좋겠다고 말하는 아들의 얼굴은 환했다. 스스로 하고 싶어 하는 공부를 하니 저렇게도 즐겁고 신명이 나는가 보다.

FIFA U-17 여자월드컵 결승전에서 우리나라 여자축구팀이 승리했다. 선수들은 결승전 경기에 앞서 '재미있게 즐기다 죽어서 나오자'고 소리쳤다고 한다. '태극소녀'들에게 축구장은 즐거운 놀이터였던 셈이다. 열일곱 살도 안 된 어리고 예쁜 여고생들이 세계 많은 사람들에게 감동을 주었다. 나는 경기를 시청하는 내내 손에 땀을 쥐었지만 소녀들은 중거리 슛과 페널티킥을 하며 운동장에서 즐겁게 종횡무진 뛰어다니며 그 긴장의 순간을 죽을 각오로 즐겼다고 하니 더욱더 자랑스럽다. 이렇게 즐기면서 이루어낸 우승은 또 있었다.

밴쿠버 동계올림픽에서 선수들의 쾌속질주 장면은 보고 또 보아도 감동이다. 금메달을 목에 걸고 시상대에 우뚝 선 태극선수들도 영웅이지만 김연아 선수의 피겨스케이팅도 빼놓을 수 없다. 예술적이며 황홀한 몸짓 하나하나, 나무랄 데 없는 완벽, 그 자체였다. 얼음 위에서 새처럼 때로는 왕관처럼, 발랄하고 청순한 소녀처럼, 때로는 총잡이처럼…. 리듬에 맞추어 아름답고 우아하게 펼치는 춤사위. 과연 피겨의 여왕다웠다. 문득 '잘 논다, 신나게 즐기는 것 같다'는 생각이 들었다. 맹자는 '아는 것보다 좋아하는 것이 낫고, 좋아하는 것보다는 즐기는 것이 낫다.'고 했다. 선수들이 스스로 '즐기는' 경기를 하여 좋은 성과를 거두었으니 더 값진 일이 아니겠는가.

이런 젊은이들이 있어 든든하다. 사람들은 요즘 젊은이들을 걱정하지만 나이 든 사람들의 노파심이 아닐까. 팽팽한 승부의 세계에서도 침착하게 기량을 맘껏 발휘하여 승리를 이끌어낸 젊은이들의 그 흔들리지 않는 뚝심은 매사를 '즐기자'는 생각에서 오는 힘이 아닐까. '즐기자'는 생각을 하게 될 때까지 그 과정에는 분명 피나는 땀과 노력이 있었으리라. 그 보이지 않는 아픔과 눈물의 결정체로 국민에게 용기와 희망을 선물한 선수들에게 큰 박수를 보내고 싶다.

  경기뿐만 아니다. 심지어 광고문에도 '즐거워요'라는 문구를 사용했더니 클릭률이 높아지고, 자기소개서를 작성할 때도 본인이 하는 일을 '즐겁게 한다.'라고 하는 사람은 관심을 더 받는다고 한다. 즐거운 마음으로 일을 하면 생산성이 오르고, 함께 있는 다른 사람들도 유쾌해지며 일의 능률이 올라 그 결과가 훨씬 좋아진다는 조사보고서도 있다. 우리나라 사람들은 자기가 하는 일을 즐겁게 여기는 사람은 많지 않고, 분노나 슬픔을 자주 느낀다고 한다. 생각을 바꾸어야 하리라.

  나도 즐거운 마음을 가져야겠다. 딸아이는 객지에서 공부하고, 아들은 군에 가 있고 남편도 출장이 잦은 편이다. 가끔 집이 텅 빈 것 같아 심심하게 느껴질 때도 있지만 생각을 바꾸어야겠다. 밤새워 책을 읽거나 글을 쓰고, 더러는 낮잠과 늦잠을 자도 아무도 방해하지 않으니 얼마나 즐거운가. 생각을 바꾸니 즐거움과 행복으로 가득한 내 집인 것을. 거기다가 오롯이 나 혼자서만 즐길 수 있는 '나만의 놀이터'가 생겼으니 이보다 더 좋을 수가 있을까. 한순간에 사라져 버린 자료들도 다시 찾아 정리하는 기회로 삼으니 그리 나쁘지도 않다. 천상병 시인은 '아름다운 이 세상 소풍 끝나는 날/ 가서, 아름다웠더라고 말하리라.'고 했다. 나는 훗날 '가서, 즐거웠다'고 말하리라.

　2026 동계올림픽이 이탈리아 밀라노와 코르티나담페초에서 개최된다. '피겨 퀸' 김연아는 후배 선수들에게 '올림픽을 즐겨라.'고 했다. 즐기는 경기를 하다 보면 승리의 깃발을 자연스레 거머쥐게 될 것이다. 그래, 즐기자. 오늘도 나만의 놀이터에서 새로운 즐거움을 찾는다.

노병의 눈물

무언의 설법
배롱꽃이 고운 덕동문화마을
발톱
송도 풍경
노병의 눈물
최장수 역무원
신빈현新濱縣에 핀 백일홍
반환점에서
송도바다에서 만난 사람
광복축구

무언의 설법

 고목이 쓰러졌다. 강한 바람이 불거나 천둥번개도 없는 고요한 날 밤에 저절로 무너져 내렸다고 한다. 소식을 듣고 비를 가득 머금고 있는 오후에 이곳으로 달려왔다. 이런저런 생각들을 하며 닿은 자리. 뒤늦게 상가에 문상을 오면 이런 기분일까. 장례식이 끝난 다음날의 허전함과 덧없음이 와락 가슴에 안겨왔다. 풀썩 주저앉아 한참 동안 넋 없이 바라보다가 마음을 가다듬어 나무를 둘러보았다.
 쓰러진 나무는 잘려진 채 비스듬히 누워있고, 흙을 부여잡고 있는 늙은 뿌리는 실낱같은 생명의 힘으로 여린 가지를 세상 속으로 밀어내고 있다. 두툼하고 마디 굵은 손으로 세 살 난 막내 손주에게 숟가락으로 밥을 떠 먹여 주시던 아버님의 모습 같다. 어머님 방에 꽂혀있는 사진 속의 아버님은 여전히 밥숟가락을 들고 손주를 바라보고 계신다.

누워있는 나무는 속병을 앓은 흔적이 뚜렷하다. 두어 아름이나 되는 고목등걸 속이 동굴 같다. 동굴 밖에는 이끼가 거북등처럼 붙어있고, 안은 푸석푸석하고 검다. 검은 동굴 속에는 개미들이 바삐 쫓아다닌다. 마치 천진난만한 아이들이 장난감을 손에 들고 바삐 뛰어다니는 모양새다. 장례식의 의미를 모르는 어린아이들이 즐거운 잔칫날이라도 되는 양, 온 동네 개구쟁이들 다 모여 떡 한 조각씩 들고 달음박질하는 모습이다.

고목의 신령스러운 모습은 온데간데없다. 철망 안에는 뱀딸기 두어 개가 선혈처럼 맺혀있을 뿐이다. 주변에는 붉은 몸 더욱 붉혀 가늘게 떨고 있는 해송과 몸부림치는 대나무들도 통곡을 삼키고 있다. 마지막 보시를 하는 걸까. 내 몸에 남은 마지막 한 방울 물, 작은 티끌마저도 살아 숨 쉬는 것들에게 베푸는 자비, 그 희생이 가슴 먹먹하게 한다. 견디다 견디다 도저히 견딜 수 없어 <u>스스로 몸을 찢어 누워 버린 회화나무</u>. 삼백만 원의 수술비와 수십 년 동안 몸에 칭칭 감고 있던 영양제로는 시퍼런 이파리들과 뻗어나

가는 줄기들을 지탱하기에는 턱없이 힘이 모자랐던가 보다. 창졸간에 주인 잃은 표지판만 파르르 떨고 있다.

이   름 : 회화나무sophora japonical
원산지 : 한국, 중국, 일본
수   령 : 800년
용   도 : 잎과 열매는 약용으로 쓰임
참고사항 : 1967년 1~6월에 고사목병 현상이 나타남으로 보경사에서 시술비 300만 원으로 나무를 수술 치료하였음.

  누워있는 고목을 등지고 하늘을 바라본다. 자식들에게 가진 것 모두 나눠주시고 우리 곁을 떠나신 아버님의 구부정한 등이 어른거린다. 건강이 퍽 좋지는 않으셨지만 그저 연세 탓으로 여겼다. 가을이 시작될 무렵, 옹이같이 깊고 마른 눈빛으로 수많은 말씀을 남기시고 가벼이 강을 훌쩍 건너가셨다. 곁에 계시는 것, 그 자체가 든든한 버팀목이었고, 우산이었고, 짙은 그늘이었다. 그 넓고 깊은 그늘은 당연하게 생각하고 누릴 줄만 알았으니….
  지난가을 이곳에서 만난 수채화 같은 산사음악회도 떠오른다. 회화나무 아래에서 펼쳐진 아름다운 선율의 그 긴 여운은 지금도 맑은 시냇물처럼 흐르는데 까치 소리는 더욱 슬프고 하늘은 더욱 무겁기만 하다. 대지의 신으로 태어나 부드러운 흙 속에서 편히 발도 뻗지 못하고 뼈마디 툭툭 불거져 나오고 말았던 그 모습. 그 불거져 나온 속뼈를 인간들은 지팡이로 툭툭 치고, 튼튼한 등산화로 꾹꾹 밟고 다녔으니 얼마나 아팠을까. 빗방울이 떨어진다.

  팔백 년 넘게 살다 속절없이 쓰러진 회화나무는 나에게 끝없는 설법을 가만가만 들려준다. 한 그루 나무나 사람의 삶이나 다를 바 없다고. 팔백 년 동안 그 자리를 굳건히 지키던 나무도 쓰러지고 말면 그뿐인 것을, 백 년도 살지 못하는 인간들은 어떻게 살아야 할까. 내가 무심코 한 말이나 행동이 다른 사람의 가슴에 상처가 되지는 않았는지, 나만의 생각으로 타인을 아프게 한 적은 없는지, 나를 위해 다른 사람의 고통을 외면한 적은 없는지…. 내 안에 있는 또 다른 나를 돌아봐야겠다. 송라면 보경사 입구에서 팔백여 년을 살다가 속이 썩어 내려앉은 회화나무는 누워서도 깨달음을 준다. 무언의 설법이 만다라처럼 펼쳐진다.

배롱꽃이 고운 덕동문화마을

배롱나무에 꽃이 활짝 필 무렵 덕동德洞문화마을을 다녀왔다. '덕동'은 '덕이 있는 사람들이 사는 마을'이라는 뜻을 지닌 마을 이름이다. 마을 앞 덕동교德洞橋 아래 오른쪽에 범상치 않는 큼지막한 바위가 보였다. 커다란 거북모양을 한 막애대邈埃臺이다. 덕연구곡德淵九曲의 하나로 계곡에 물이 많을 때는 거북이 입으로 물을 뿜어내는 형상을 볼 수 있다고 하더니, 어제 내린 비로 계곡에 흐르는 물이 그득하니 그렇게 보이는 듯하다. 다리를 건너 계곡으로 내려가 막애대 위에 앉아보니 시원한 솔바람과 물소리가 내 마음을 정화시켜 주었다.

마을 안으로 들어서자 휘어진 소나무가 나그네를 맞이했다. '도화송'이다. 옛날에 말을 타고 오는 사람은 이 소나무 앞에 오면 말에서 내려서 걸어갔다고 한다. '하마비下馬碑' 역할을 한 소나무이다. 마을 어귀에 있던 덕동초등학교는 1961년에 개교하여 1992년에 폐교 후, 전통문화체험관으로 개관하여 옛 선조들의 삶의 모습들을 짐작하고 체험하는 장소로 활용되고 있다.

체험관 옆을 지나 마을 안으로 들어서면 용계정龍溪亭, 애은당 고택愛隱堂 古宅, 이원돌 가옥李源乭 家屋·여연당(與然堂), 사우정 고택四友亭 古宅이 마을의 역사를 말한다. 이 고택들은 모두 조선시대 임진왜란 공신功臣 농포 정문부의 자취가 배어있다. 그의 조부인 정언각이 청송부사로 있을 때 이곳이 길지吉地라 하여 자리 잡아 지은 건물이라고 한다. 용계정은 정문부의 별장으로, 애은당과 이원돌 가옥은 임진왜란 때 가족들의 피난처로, 사우정은 살림집으로 사용하다가 임진왜란 후 고향 상주로 돌아가면서 손자사위 이강李堈에게 물려주었다고 한다.

이강은 덕동마을의 입향조入鄕祖이다. 그는 문원공 회재 이언적의 동생 농재 이언괄의 4세손으로 경주 양동마을에서 이곳으로 거처를 옮겨 살기 시작하여 오늘날까지 여강 이씨 집성촌을 이루고 있다.

용계정은 1697년 이강의 호號를 따서 '사의당四宜堂'이라 쓴 현판을 달았다. 1778년에는 사의당 후원에 이강의 5대 조부 찬성공 이번贊成公 李蕃,1463~1500과 찬성공의 아들 농재 이언괄을 배향하는 세덕사世德祠를 세우고, 강당은 '명흥당明興堂', 양재兩齋는 '면수재勉修齋'·'진덕재進德齋', 문은 '입덕문入德門'으로 신축했으며, '사의당'은 '연연루淵淵樓'로 이름을 바꾸었다. 연연루는 세덕사의 부속건물인 강당으로 사용되기도 했다. 그러나 1871년 서원철폐 시 훼철하라는 명이 있자 현판을 다시 본디 사용하던 '사의당'으로 바꾸고, 마을사람들이 하룻밤 사이에 세덕사와 사의당 사이에 담을 쌓아 분리하여 세덕사만 훼철되고 사의당(용계정)은 화를 면하였다고 한다. '용계정'은 마을 앞에 흐르는 계곡의 이름을 따서 불리는 명칭이며 2024년 9월 국가지정문화유산 보물로 지정되었다.

 정자에서 마주 보이는 계곡 바위에 '연어대鳶魚臺'라 적힌 글자가 있는데, 한국전쟁 때 총을 맞는 바람에 글자가 반듯하지 못하다. 글을 조각한 사람은 알 수 없으나 '연비어약鳶飛魚躍'을 뜻한다. '솔개는 하늘에서 날고 물고기는 연못에서 뛰노네.'라는 뜻을 지닌 『시경詩經』에서 인용한 말이다. 즉 솔개와 물고기가 저마다의 특성으로 하늘을 날고 물속에서 노니는 것은 자연스러운 이치이며 천지의 조화를 이루는 것이니, 삶이 즐겁다는 의미이다. 만약 솔개가 물속에서 놀고 물고기가 하늘에서 날아다니려고 한다면 어떤 일이 일어날까. 사람도 마찬가지이다. 각자의 처지에 맞게, 욕심을 버리고 살아가라는 교훈으로 삼을 만하다. 정자에 가만히 앉아 이런저런 생각을 하다가 맑은 마음으로 뒤뜰로 나왔다.

뜰에는 1795년에 심은 은행나무, 1803년에 심은 대나무, 1806년에 심은 배롱나무와 옆으로 누운 향나무가 어우러져있었다. 선조들이 나무를 심은 시기뿐만 아니라 마을에서 일어난 일들을 자세하게 기록하여 남겨 두었기 때문에 후손들이 나무를 심은 시기와 관리했던 방법들을 알 수 있다. 선조들이 남긴 많은 문헌들의 가치가 인정되어 국가기록원 '제4호 기록사랑마을'로 지정되었다. 기록의 소중함을 다시 한번 생각한다.

흙담을 부둥켜안고 활짝 피어있는 간지럼나무 꽃, 용계정 뒤뜰에도 마당에도 떨어진 꽃잎들이 만든 예쁜 꽃길을 걸어 나오다가 형태가 온전하지 못한 비로자나불상도 만났다. 덕동마을의 뒷산인 관령官嶺 아래 신라시대 창건한 덕인사德仁寺와 포인사布仁寺가 있었으나 임진왜란 때 폐사되었다고 한다. 아마도 그 절에 있던 불상이 아닐까. 용계정에서 세덕사 터 앞을 지나 마을로 들어가는 왼쪽에 애은당 고택이 있었다. 들어서자마자 개가 사납게 짖었다. 아담한 사랑채와 '애은당'이라 적힌 현판과 마당 입구 바위에 새겨둔 '약방'을 표시했던 기이한 문양만 보고 돌아 나왔다.

마을 안으로 접어들자 수령 200~300년 된 옆으로 자라는 향나무와 하늘을 받드는 은행나무, 그리고 솔숲과 연못이 아름답게 펼쳐졌다. 호산지당護山池塘이다. 마을의 지형이 산의 기운은 강하나 물의 기운이 약하여 뛰어난 인물이 탄생하기 어렵다고 하여 인공으로 만든 연못이다. 마을에 좋은 일이 있도록 하고자 강한 산의 기운을 보호하는 연못을 만들고 이름을 '호산지당'이라 하였다. 이곳은 수려한 경관을 지니고 있어 '제7회 아름다운 숲 전국대회'에서 대상을 차지한 곳이기도 하다.

특히 '송계松契'가 높은 평가를 받았다고 한다. 마을 사람들은 소나무를 베거나 해치지 않았으며 소나무를 이용하여 얻은 수익은 마을에서 공동으로 운영하였고, 마을의 모든 일은 소나무를 중심으로 행해졌다는 것이 높이 평가되었다고 한다. 소나무 숲은 세 군데 있다. '정계亭契숲'과 '도송島松, 섬솔밭' 그리고 '송계松契숲'이다. 정계숲은 용계정에서 마주 보이는 곳에 있고, 도송(섬솔밭)은 호산지당을 감싸고 있으며, 송계는 마을 초입에 있는 숲이다.

연못을 한 바퀴 걷노라니 회나무 아래 솟아나는 샘물이 있었다. 회나무정#이다. 상수도가 설치되기 전에는 마을 아낙네들이 물동이를 이고 와서 이곳에서 바가지로 물을 길렀다고 한다. 식수로 이용하던 옛 우물과 호산지당, 섬솔밭을 돌아 나와 마을 안으로 들어갔다.

돌담을 따라 곧게 뻗은 마을 안길에서 이원돌 가옥과 사우정 고택을 둘러보았다. '이원돌'은 이강의 9대손이며 여연당 고택의 소유자이다. 사우정 고택은 농포 정문부가 살던 집이며 정면 7칸, 측면 1칸, 박공지붕으로 된 사랑채와 'ㅁ'자 마당의 안채가 분리되어 있다. 사랑채가 이렇게 넓었으니 찾아오는 손님들도 많았으리라. 안채에 살던 여인들은 손끝에 물 마를 날이 있었을까. 네모난 안마당 장독대에는 항아리들이 옹기종기 앉아 햇살에 장을 익히고 있었고, 봉선화와 설악초가 뜨거운 여름을 노래하고 있었다. 나는 고택을 관람할 때마다 조심스럽다. 이 마을 고택에도 사람들이 실제로 거주한다. 반드시 예를 갖추어 주인의 허락을 받고 조용히 관람을 해야 한다. 주민에게 폐를 끼쳐서는 안 되기 때문이다. 온 길을 되돌아 덕동민속전시관에 들렀다.

덕동민속전시관은 1992년 덕연관으로 개관하였으나 전시관이

협소해서 2004년 지금의 이름으로 새롭게 개관했다. 이곳에 전시되어 있는 600여 점이 되는 유물들은 모두 '진품'들이다. 관장님(이동진)이 실제로 이 지역에 살던 사람들이 사용하다가 버려지다시피 한 민속자료들을 손수 모아두었다가 전시한 것이다. 전시관 규모는 아담하지만 유물들의 가치는 그 규모를 뛰어넘는다. 당대 명문가들이 쓴 현판, 한자와 관직명을 익히며 놀이하던 '승경도'와 팔괘가 그려진 갓통, 항아리… 등 유물들이 즐비하다. 선조들의 손때 묻은 소중한 유물들을 살펴보며 조선시대 선비들과 서민들의 삶을 상상해 보았다. 고요한 덕동문화마을, 활짝 핀 배롱꽃이 참 고왔다.

발톱

 고맙네. 마치 모감주나무 열매처럼 되었구먼. 염주를 만든다는 까만 열매 말일세. 내 오늘 자네들을 어루만지려 하니 손도 대지 못하게 하는구려. 그래, 온몸으로 저항할 만도 하지. 자네 속내를 충분히 이해하네. 미안하이. 편안하게 쉬게나. 참으로 고생 많았네.
 사람들이 해수욕장이나 계곡으로 피서를 떠날 때 자네는 두꺼운 양말과 등산화 속에 갇혀 숨도 제대로 쉴 수 없었을 것이네. 철갑 속에 갇힌 것이나 다름없었으니 얼마나 답답하였던고. 거기다가 비 맞은 바위와 험난한 산을 행군했으니 견딜 수 없는 고문이 되었겠구려. 주인을 잘못 만나 이렇게 숯덩이처럼 되고 말았으니 미안하여 할 말이 없구려.

　가만히 보면 볼수록 송구스럽기 짝이 없네만 자네 덕분에 많은 것을 보고 느꼈네. 그 치열했던 낙동강, 다부동전투 현장을 내 두 발로 밟을 수 있었던 것은 온전히 자네들 덕일세. 그 공을 높이 인정하네. 광복된 지 오년 지난, 찜통같이 뜨거운 날이었지. 열세한 병력에다가 훈련도 제대로 받지 못한 학도병과 신병들이 적군과 맞서 십여 차례나 육탄전을 벌였던 혈전의 전투. 험난한 산을 오르내리며 아군인지 적군인지도 구별할 수 없는 전투였지. 죽고 죽이는 전투에서 이루어 낸 평화, 그 평화가 얼마나 고귀한 것인지를 자네의 인내가 아니었으면 어찌 내가 온몸으로 느낄 수 있었겠는가.

　그날의 아픔과 쓰라림을 고스란히 품고도 가만히 엎드려 있는 유학산 302고지, 308고지. 그들이 목숨처럼 갈망했던 평화로운 하늘과 들녘을 바라보며 울컥, 가슴에서 뜨거운 것이 북받쳐 올랐네. 매미소리는 참으로 요란했었지. 온 산을 흔들어대었지. 여기저기에서 어린 학도병들이 애타게 시야(형)를 부르는 소리 같았네. 씨야씨야씨야…. 대답은 없었지. 땡벌이 우리를 위협했고 우리는 몸을 숙여 벌떼가 사라지기를 기다렸지. 마치 총알을 피하듯이 말일세. 짙푸른 나뭇잎들만 작별인사처럼 손 흔들었지.

그날은 건장한 예비사관생도들과 체육인들을 쫓아가느라 숨이 차던 강행군이었네. 하지만 오십오 일 동안 총격전이 이어졌던 현장은 아무런 일 없었던 것처럼 담담했었지. 칠월 한낮 사흘 동안 땀을 온몸으로 쏟아내며 숨 가쁘게 산행을 했지만 그날의 총성을 생각하니 호사스럽게 여겨졌었네. 무참하게 쓰러지고 만 꽃봉오리 같은 생명들의 넋과 적을 피해 보급품과 주먹밥을 지고 날랐던 영혼들을 어떻게 위로해야 할지 모르겠더군. 그냥 묵묵히 땅만 꾹꾹 밟으며 걷고 또 걸었을 뿐이었네. 자네들도 그런 고통은 처음이었지. 그렇다고 열 중 셋은 나와 이별하려고 작정이라도 한 것 같구려. 폭풍우에 흔들린 바위 같은 몸으로 나를 향해 시위를 하니 내가 몸 둘 바를 모르겠네. '2015 전국대학생 칠곡호국순례대장정' 완주증은 자네들에게 바치겠네.

우리 오십 년이 넘도록 한 몸이었으니 남은 생도 함께하구려. 앞으로는 이런 고생을 시키지 않을 터이니 용서해주고 마음을 가라앉히시게. 새벽에 눈을 뜨면 가장 먼저 보살피고, 잠들 때까지 쓰다듬으며 눈 맞춤 할 것을 약조하네. 고통의 도가니에서 이겨낸 자네들을 결코 잊지 않을 걸세.

자네들은 내가 숨 쉬고 살아있음을 일깨워주었네. 자네들이 있어 내가 있고 자네들로 하여금 내가 깨어 있음을 발견하네. 그러하니 어쩌겠는가. 자네들과 나는 둘이 아닌 것을. 숙명적으로 아픔도 함께해야 할 수밖에 없는 것을…. 자네들이 나의 주인일세. 오늘날까지 자네가 나를 이끌었네. 내가 어리석었네. 여태까지 내가 자네들의 주인인 줄 알았으니 크게 잘못 생각하고 살았네.

  그런데 이보게 자네들, 생각해보게나. 우리나라는 언제쯤이면 전쟁에서 자유로울 수 있으려나. 정전停戰이 종전終戰이 되는 날 어서 왔으면 좋겠네. 그날이 오면 우리 두 바퀴 페달을 힘껏 밟아 낙동강을 따라 러시아까지 달려가 보세. 휘파람 불며 신명나게 자유와 평화를 누려보세. 그날은 흥겨운 잔칫날이 될 걸세. 그때도 자네가 나를 이끌어주시게. 부탁하네. 가장 낮고 어두운 곳에서 드러나지 않게 큰일을 하는 자네를 제2의 어머니라고 칭하고 싶구먼. 지나친 비약인가. 내 진정으로 자네를 아끼고 사랑하네. 고맙네. 정말 고맙네.

송도 풍경

  송도해수욕장에 가고 싶었다. 버스를 타고 죽도시장 앞에 내려서 오거리를 지나고 송도교를 건너서 송도해수욕장으로 느릿느릿 걷는다. 가을비가 추억처럼 내린다. 휘어진 좁다란 골목길 모퉁이에 숨어 있다가 불쑥 뛰어나와 나를 놀라게 했던 초등학교 동기 녀석이 생각난다. 까르르 소리 내어 웃던 도토리 같은 아이가 어딘가에 있을 것 같아 골목길을 살핀다. 의젓한 군인이 되어 쑥스러운 표정을 짓던 그 아이의 얼굴이 떠올라 저절로 미소가 지어진다. 소녀의 마음이 되어 바닷가로 향한다.

  많은 사람들로 붐비던 횟집상가와 골목길은 스산하기 짝이 없다. 한때 군침을 돌게 하던 중화요리 간판도 빛이 바랬다. 기우뚱

담장에 기댄 자전거가 있는 것으로 보아 사람이 살기는 사는가 보다. 곳곳에 '임대'와 '세놓습니다'라는 현수막이 낡은 손수건처럼 펄럭거리고, 길에는 지나가는 사람도 거의 없다.

갈래머리 적, 친구들과 자전거 하이킹으로 달려왔던 송도바다. 싱싱한 회를 맛있게 먹곤 했던 횟집 간판글자 모음과 자음도 떨어져 나갔다. 음식점 문 앞에서 손님을 맞이하던 구슬모양 드리개도 찢어진 커튼처럼 바람에 나부낀다. 허물어진 건물들과 변모된 상가를 가슴에 담으며 고개를 돌리자 해수욕장 입구에 하얀색 평화의 여인상이 두 팔 벌리고 서서 나그네를 반기지만 오늘은 반길만한 사람이 그리 많지 않은 모양이다.

하늘도 잔뜩 찌뿌리고 있는 데다 해수욕을 하러 오는 사람들이 많지 않기 때문일까. 뜨거운 태양 아래 파도처럼 출렁이던 젊은 이들은 다 어디로 갔을까. 손잡고 해안을 거니는 두 명의 연인과 방파제 끝에 앉아 낚싯줄을 드리운 강태공 서너 명이 바다의 외로움을 달래줄 뿐이다. 방파제를 따라 들어가 낚시하는 사람을 만났다.

이른 아침부터 나왔지만 오후 새참 때가 되었는데도 아직 한 마리도 잡지 못했다고 한다. 황어가 좋아하는 발그스레한 작은 새우를 낚시 바늘에 꿰어 힘차게 던졌지만 새끼복어에게 먹이로 제공하고 빈 낚싯대를 거두어들였다. 느긋한 손놀림으로 새로운 미끼를 바늘에 꿰어 바다로 던진 후 담배에 불을 붙이고 바다를 바라보는 강태공을 뒤로하고 방파제를 돌아 나왔다. 칠십 미터가 넘는 폭을 가졌던 은빛모래사장은 4차선 도로와 산책로, 자전거 길에 묻혔고, 도로에는 신호등에 따라 자동차들이 멈추고 달린다. 바닷물 가까이로 다가갔다.

파도가 쉬지 않고 달려와 온몸으로 옛 송도의 모습들을 들려주었다. 송도松島는 사면이 바닷물과 강물에 둘러싸였으며 소나무가 많은 섬이었다. 동쪽에는 해수욕장이 있고, 서쪽에는 송도교 아래로 흐르는 형산강 지류가 있으며, 남쪽은 형산교 아래를 흐르는 형산강 하류가 있고, 북쪽에는 항구동의 내항을 경계로 이루는 물이 흘렀기 때문에 오랫동안 사람이 살지 못하는 섬이었다. 1800년 말경부터 사람들이 이곳의 땅을 개척하여 살기 시작하면서 마을이 형성되었다고 한다.

1910년 초 일본인 오우찌지로大內治郎가 심은 소나무가 울창해지고, 이주민들이 늘어나 활기를 띠기 시작했다. 1920년경에는 큰길을 중심으로 웃각단과 아랫각단으로 나누어 조개잡이나 참외, 수박, 보리 등의 밭농사로 생계를 유지하던 작은 마을이었다. 청어와 정어리가 많이 잡히고 시금치가 특산물로 재배되기도 했으며, 질 좋은 소금을 생산하던 염전도 있었다.

  폭 칠십 미터가 넘는 넓은 모래사장과 수심이 얕아서 천혜의 조건을 갖춘 해수욕장으로 인기가 높았다. 여름철 해수욕을 즐기러 온 인파가 백사장을 가득 메웠었다. 하지만 1968년 포스코가 건설되면서 인구증가로 인한 도시 확장과 구획정리사업으로 은빛 모래와 우거진 송림은 차츰 그 명성을 잃게 되었고, 해수욕장을 찾는 관광객도 급격히 줄었다. 많은 사람들이 북적이고 활기차던 상가는 철거대상이 되었다. 파도가 달려와 이곳에 살았던 사람들과 지나간 사람들의 이야기를 쏟아놓고는 하얗게 부서지고, 또 부서졌다.

  공사 중인 형산강변도로에 들어갔다. '사글세, 방 두 칸, 주방 겸 거실, 욕실, 010-○○○-○○○○'라 적힌 종이가 컨테이너 벽에 매달려 주인을 기다린다. 길을 따라 갈수록 곳곳에 나뒹구는 생활용구들과 어구들, 허물어질 것만 같은 집들이 현실을 말해준다. 어느 빈집 나지막한 담장 밖에는 보랏빛 나팔꽃무더기가 꽃잎을 오므린 채 앞날을 걱정하고 있다.

멀리 고층 아파트 숲이 보이고, 근처에는 건축자재와 낡은 배 한 척이 호박 넝쿨에 덮여있다. 호박과 파, 고추가 심어진 밭 옆을 따라 송림이 끝나는 곳에 이르렀다. 끝은 곧 시작이다. 길이 끝나는 곳에서 되돌아 나왔다. 송림은 1911년 일본인 오우찌지로가 조성하였으며 1929년에는 어촌 보안림으로 지정되어 지금도 포항시가지의 방풍림으로 역할을 톡톡히 하고 있다.

솔숲 길을 걷는다. '희망대로'이다. 이름이 좋다. '생각하는 대로' '희망이 이루어지는 큰길'이라는 뜻이겠지. 솔숲에서 운동하는 사람들의 발걸음이 힘차다. '송도해안길'을 접어들어 뒷골목을 걷는다. 막 썰어 판다는 ○○횟집, 소주방과 민박집 간판들이 삐뚜름하다. ○○마트는 문을 닫은 지 오래되었다. 유리문으로 비치는 진열대에는 낡은 압력밥솥과 냄비, 국자 따위의 주방 용기들이 먼지에 덮여 뿌옇다. 마트 입구에 있는 대추나무에 풋대추들이 매달려 햇살을 기다린다. '철거'라는 글씨가 벽에 선명한 '○○회타운'과 '○○상회'와 민박집들이 어수선하다. 우범지역이 될 법하다는 생각이 들자, 걱정이 앞선다. 쓸데없는 생각일까. 이천십년, 송도는 과거와 현재, 그리고 미래를 품은 채 변신하는 중이었다.

2025년, 송도해수욕장이 18년 만에 개장했다. 바다시청과 샤워장이 설치되고, 알록달록 천막으로 바다는 즐거워졌다. 해안 곳곳에 스틸아트와 전망대가 방문객들을 기다리고, 예쁜 카페와 통닭을 안주 삼아 맥주를 마시며 야경을 즐기는 사람들이 늘어났다. 관광특구로 지정되면서 송림테마 숲에서 펼쳐지는 다양한 공연과 체험장에 참여하는 사람들도 붐빈다. 바다를 가로질러 송도와 영일대해수욕장을 잇는 해오름대교도 개통을 앞두고 있다. 송도는 우울했던 날들을 추억하며 다시, 희망의 기지개를 켠다.

노병의 눈물

　해병문화축제는 여느 축제와 다르다. 축제에 참여하는 사람들은 해병대를 전역한 군인들이 대부분이다. 전국에 분포되어 있는 해병전우회 회원들이 고향을 찾아오듯이 이곳에 모여 동료와 선·후배들이 만나 우정을 나누는 잔치마당이다. 한편 일반 시민들에게는 군부대에서만 볼 수 있는 무기들과 장병들의 군대 내 생활을 짐작해 보고 또한 체험할 수 있는 기회가 되기도 한다.
　포항에 해병부대가 설치된 지 예순 번째 되는 해를 기념하는 축제가 오천읍 냉천변에서 열렸다. 해병대는 1949년 4월 15일 경남 진해에서 창설되었는데 이것이 1사단의 전신인 해병1연대이다. 이후 1연대는 1전투단으로, 1여단으로 성장하였다. 이를 바탕으로 경기도 파주에서 시작된 해병1사단은 1상륙사단으로 개편되어 1959년 3월 12일 포항으로 옮겨 오늘에 이른다.

축제장에서 가을빛 옷을 입은 어느 노병을 만났다. 주황색 바탕에 어깨와 팔꿈치 부분은 파란색, 앞 솔기는 노란색으로 된 잠바와 짙은 고동색과 회색, 주황색이 곁들여진 바지를 입었으며, 노란색과 회색이 어우러진 운동화를 신었다. 노란색 해병 마크가 선명한 빨간 모자를 쓰고 오른쪽 어깨에 작은 가방을 맨 차림이었다. 다소 불편한 몸으로 혼자서 천천히 걸어오더니 현역 장병들에게 다가가서 손을 내밀어 악수를 청했다. 장병들이 재빨리 거수경례로 응답하자 노병은 내밀었던 손을 곧바로 거두어 빨간 모자에 거수경례로 답하였다. 그 순간 노인의 몸에 배어 있던 늠름한 청년의 모습이 스쳐갔다. 하지만 찰나였다. 노인은 빨간 모자에서 손을 내리자마자 표정이 일그러졌다.

감정에 북받친 노인은 젊은 장병들과 기념사진을 촬영하고 싶었던 모양이다. 노병이 함께 있던 여군에게 무어라고 이야기를 건네자 여군은 당황해하는 빛이 역력했다. 함께 사진을 찍고 싶으니 모델이 되어 줄 수 있겠느냐고 이야기를 했는데 노병의 말은 축제장의 음악소리에 묻히고 거기다가 발음이 정확하지 않아서 '모델'

을 '모델'로 잘못 들었던 것이다. 여군은 오해를 풀고 환한 표정으로 모델이 되어 노병과 나란히 사진을 찍었다. 같이 있던 젊은 장병들의 박수를 받으며 노병은 흐뭇해했다. 그들은 잠시 머물다가 다른 곳으로 갔다. 늠름한 장병들의 뒷모습을 물끄러미 바라보던 노병은 울먹이며 나에게 이야기를 했다.

"미안해요, 나는 아파요, 고엽제 … 월남전에 … 내 젊음 … 미안해요, 미안해요…."

야윈 몸을 비틀면서 감정에 겨워 새어나온 몇 마디, 그의 입에서 소주냄새가 살짝 났다. 고통을 잊으려고 술을 마신단다. 오늘도 그 고통을 잊으려고 마셨지만 더 생생하게 기억이 난다고. 젊은 날의 기억이 되살아나서 감정을 추스를 수가 없다고. 단풍 빛 얼굴로 어린아이처럼 울었다. 씩씩하게 거수경례를 하던 손으로 뜨거운 눈물을 훔치고 가슴에 간직하던 수첩을 꺼내어 나에게 내밀었다.

낡은 수첩을 넘겨보니, 첫 장에 젊은 군인의 흑백사진이 꽂혀있었다. 해병마크와 계급장이 달린 팔각모를 쓰고, 검은 선글라스를 착용하고, 목에 털이 달린 군복을 입었으며, 군복 오른쪽 가슴에는 명찰이, 왼쪽 가슴에는 ROKMC라는 글자 아래에 계급과 훈장이 나란히 달려있었다. 그 다음 장에는 국가유공자증과 대한민국 해병대에서 발행한 명예증서, 해병대사령관이 발행한 전역증, 또 한 장을 넘기자 주소와 성명이 적힌 신분증이었다.

  노병이 이야기하는 월남전은 베트남전을 말한다. 1965년 베트남전이 발발하면서 전투부대를 파병하기로 결정되자 해병1사단 병력을 바탕으로 '청룡부대'라는 제2여단이 창설되었다. 차출된 병력들은 모두 포항 오천읍 일대의 월남전 교육장에서 석 달간 훈련을 받은 뒤 포항역에서 임시특별열차를 타고 부산항으로 떠났다. 파월장병의 환송식과 결단식도 포항 해병기지에서 거행되었다. 그 가운데 노병이 있었던 것이다. 그의 신분증은 1970년 12월 31일 해병대 명예전역을 했으며 현재 경남 진주에 살고 있다고 증명한다.

  노병 김씨는 해병문화축제를 한다기에 가족과 함께 진주에서 왔는데, 가족들은 죽도시장에 있고 혼자 이곳을 찾아왔다고 했다. 한참 후 마음이 진정되었는지 연신 미안하다는 말을 남기고 의장대가 시범공연을 하는 곳으로 자작자작 걸어갔다. 장병들 틈으로 걸어가는 뒷모습은 흔들리지 않았다. 활짝 편 어깨와 곧게 세운 허리, 앞으로 향하는 걸음걸이가 마치 사열관 같았다. 노병은 그렇게 축제장 인파 속으로 사라졌다.

  노병의 눈물은 군악대 연주와 장병들의 무술공연, 하늘에서 펼쳐진 블랙이글스 에어쇼를 관람할 때도 내 눈앞에 먼저 일렁거렸다. 태어난 지 석 달 만에 어머니 등에 업혀 피난민이 되었던 아이, 고희가 되어 처음 보는 여인의 손을 부여잡고 아이처럼 흐느끼던 노병, 온몸으로 토해내던 그 울음, 그 눈물 속에 소년의 꿈과 청년의 그리움, 세월의 무상함…들이 소용돌이 쳤으리라. 자유로운 대한민국은 푸르고 뜨거웠던 노병들의 희생 덕분임을 결코 잊어서는 안 될 일이다.

최장수 역무원

　초겨울 햇살이 부챗살처럼 펼쳐진 아침, 동해남부선 철도를 가장 오랫동안 지키고 있는 역무원을 만나러 길을 떠났다. 1925년 조선총독부에서 석탄·목재·광물·해산물들을 운송하기 위해 동해안을 따라 부산과 함경도를 잇는 동해선 철로를 건설하였다. '동해선'은 동해남부선(부산-동대구)과 동해중부선(포항-삼척), 동해북부선(강릉역-제진역)을 아우르는 명칭이다. 일제강점기 포항에서 영덕방면으로 잇는 흥해읍과 청하면 일대에 철길 건설 흔적은 지금도 곳곳에 남아있다.

　동해남부선은 1935년 부산-울산-경주를 연결하면서 생긴 이름이다. 2015년 서울과 포항 간 KTX 개통에 이어 2016년 동해남부선은 동해선으로 편입되었으며, 2025년 1월 포항-강릉 간 동해중부선이 개통되었다. 장차 북한의 제진역까지 철길이 이어지면 동해안을 따라 러시아까지 달려갈 수 있으리라. 생각만 해도 가슴이 설렌다.

포항에서 한 시간 남짓 자동차를 달려 도착한 곳은 울산광역시 삼산동에 있는 태화강역이다. 1992년 울산시는 공업도시로 성장하면서 도심이 팽창하여 학성동에 있던 울산역을 삼산동으로 이전하였다. 2010년 경부고속철도 개통과 함께 '울산역'에서 '태화강역'으로 이름이 바뀌었다.

역무원으로 가장 오래 근무한 분이라기에 머리카락이 희끗희끗하고 등이 약간 구부정한 모습일 것이라 상상했던 나를 비웃기라도 하듯, 환한 미소를 지으며 큰 소리로 반갑게 맞이해 주는 모습이 청년 같았다. 온화한 미소와 서글서글한 표정이 낯익은 이웃집 아저씨 같았다. 삼십 년 넘도록 고객들에게 한결같은 마음으로 베푼 친절과 다정함이 습관처럼 배어 나왔다.

젊고 건강하게 보이는 비결을 여쭈었더니 그런 것은 없단다. 그냥, 매사에 긍정적으로 생각하고 어떻게 하면 승객들이 철도를 이용할 때 불편하지 않게 할까, 승객들을 내 가족처럼 대하면 저절로 웃음이 나오고 기분이 좋아지고 즐거워진단다.

"내가 열차를 타고 가면서 가족이나 친지, 친구들을 만났다고 생각해 봐요. 얼마나 반가워요?"

무슨 일이든지 좋은 방향으로 생각하면 다 좋다고 한다.

철도에서 일을 하게 된 이유는 소박했다. 고향은 안동 풍산읍 시골이란다. 군 복무를 마치고 결혼할 무렵이 되었는데, 시집오겠다는 처녀가 없었다. 처녀들은 싱크대가 있는 도시에 살기를 선호하고 부엌생활이 불편한 시골은 싫어했다. 더구나 농사를 크게 하는 부자도 아니지, 그래서 장가를 가려면 도시에서 직장을 다니고 살아야 되겠다는 생각으로 철도공무원 시험을 보았다. 스물여덟 살에 공채에 합격하고 입사하여 첫 월급 칠만 오천오백 원을 받아 단칸방을 세 얻어 살면서 결혼하여 신혼살림을 시작했다. 그 후 싱크대가 있는 내 집도 마련해서 지금까지 가족들 모두 건강하게 잘 살고 있으니 이만하면 풍족하다고 여긴단다.

첫 근무는 울산 야음역에서 수송을 담당했다. 야음역은 1992년까지 비료나 석탄 원료를 운반하는 제법 큰 역이었으나 도심구간 철도이설로 지금은 사라지고 없다. 이후에 울산역에서 매표를 담당했다. 하루에 매표한 금액이 이천오백만 원이 넘을 때도 있었다. 당시 서울-부산 새마을호 운임이 14,300원이었으니 하루에 이천 명 정도 이용한 셈이다. 주 고객은 서울행 새마을호 열차를 이용하는 사람들이었다. 현대그룹에 종사하는 직원들과 동대문시장을 왕래하며 지방에서 옷가게를 하던 상인들이 많았다. 그 외에도 통학하는 학생들과 출·퇴근하는 직장인들로 기차역은 문전성시를 이루었다. 주말이면 객실 안에 사람들로 가득했다. 콩나물시루 같은 버스도 있었지만 열차도 그랬다고 한다.

요즈음은 자동차가 너무 많이 다닌다. 온 국토를 도로로 만들면서 환경파괴가 엄청나다. 기차는 한꺼번에 많은 사람들을 이동시킬 수도 있고, 사람과 사람이 만나는 공간도 되며, 또한 열차를 타고 창밖 경치를 감상하며 사색도 할 수 있으니 얼마나 멋지고 낭만적인가. 근래는 승용차를 많이 이용하니까 사람과 사람이 서로 만나 대화를 나눌 수 있는 기회가 별로 없어서 그런지 요즘 젊은이들은 정이 많지 않은 것 같다고 아쉬워한다.

예전에는 직장에서 청소를 하거나 무거운 짐을 옮길 때 서로 도와주며 따스한 인정을 많이 느꼈는데 최근에는 그런 일이 드물다. 하지만 시대흐름에 따라 살아야 된단다. 가정에서도 나이 많은 사람과 적은 사람의 생각이 다르고, 또한 각자 할 일이 있듯이 젊은이들에게 배울 것도 많다. 특히 컴퓨터와 휴대폰 사용방법은 젊은이들이 잘 아니까 그들에게 배워야 한다. 나이 많은 사람들이 모든 일을 잘하는 것도 아니고, 젊은 사람들이 모든 일을 못하는 것은 아니다. 서로 돕고 인정하며 살아야 된다.

신입사원들의 이직에 관해서도 조언을 했다.

"어디서 무슨 일을 하든지 내 적성에 딱 맞고, 내 마음에 꼭 드는 그런 직장은 세상 어디에도 없지요. 수십 년 동안 각기 다른 환경에서 다른 생각으로 살던 사람들이 만나서 사회를 이루는데, 내 몸에 딱 맞는 옷처럼 그런 직장은 없어요. 어려운 문을 통과해서 취업이 되었으면 힘이 들더라도 꾹 참고 일을 배우며 견디다 보면 내 몸에 맞는 옷을 입은 것처럼 느껴지는 거지요. 인내심을 갖고 기다려야 돼요."

그도 힘들고 속상한 일이 있었다. 매표를 담당할 때인데, 승객이 예매를 하면 날짜와 시간을 반드시 그 자리에서 펜으로 동그라미를 그리며 확인을 하고 표를 건네준다. 그런데 대부분 사람들은 확인을 하지 않고 호주머니에 그대로 넣어간단다. 그러고는 예매한 날짜가 지난 날에 기차를 타러 와서 표를 잘못 팔았다고 소동을 벌여 요금 전액을 물러주었단다. 당시 월급이 팔만 원 정도였는데, 한꺼번에 칠만 원 넘는 금액을 감당했다고. 고객이 화를 내고 억울하다는 생각을 하면 안 된다고 생각했기 때문이란다. 한 달 급료가 고스란히 사라지게 되었으니 얼마나 속이 상했을까. 하지만 전래동화 들려주듯 웃으며 이야기했다.

그가 살아온 날들은 역무원으로서 최선을 다했으며 자긍심도 가득했다. 그러나 가장으로서 가족들에게 더 잘 해주지 못하고, 더 많이 함께하지 못한 것에 대해 미안하게 여긴다. 하지만 이만하면 가장의 임무를 팔십 퍼센트 정도는 했다고 봐야지요, 하며 호탕하게 웃었다. 그는 분명 좋은 아버지요, 따뜻한 남편이었음에 틀림없다. 퇴임을 하면 도심을 떠나 물 맑고 공기 좋은 조용한 곳에서 전원주택을 짓고 텃밭도 가꾸며 여유 있게 살고 싶다고 한다. 지금까지 자신을 믿어주고 많지 않은 월급으로 알뜰하게 가정을 꾸리고 큰 탈 없이 자식들을 건강하고 반듯하게 키워준 고마운 아내, 그 아내와 함께 기차를 타고 남해지역을 구석구석 둘러보고 싶다고 말하는 그의 표정은 행복한 여행자 같았다.

이야기를 나누다 보니 그가 최장수 역무원이 된 이유를 알 만했다. 자신을 낮추고 상대를 존중하는 자세와 즐거운 마음으로 베푸는 친절과 봉사, 그리고 동료들을 아끼는 따뜻한 마음이 가득하니, 그것이 젊고 건강한 모습으로 다른 사람으로부터 인정받으며 오랫동안 일을 할 수 있는 비결이 아니었을까. 다시 태어나도 철도에서 필요로 하는 일을 하고 싶단다. 도시인의 세련됨보다 안동사람의 순박함과 선비의 기풍이 더 진하게 느껴졌다. 플랫폼으로 열차가 달려오고 또 지나갔다. 철로는 긴 침묵으로 또 다른 열차를 기다리고 있었다. 그리움이 길게 이어졌다.

신빈현新濱縣에 핀 백일홍

　어제는 백두산을 다녀왔다. 1,442계단을 올라 파란 하늘 아래에 고요한 천지天池를 감상하고, 조선과 중국 경계비도 보았다. 오늘은 신빈현에 있는 독립운동가 양세봉 장군을 뵈러 간다. 창밖에는 옥수수밭이 영일만처럼 펼쳐지고 인삼밭도 넓게 이어진다. 도로 가운데에 심어진 사철나무는 중앙분리대 역할을 하고, 철길 옆에 길게 이어져 넌출거리는 호박넝쿨도 반갑다. 햇살에 영글어 가는 옥수수밭을 지나자 벼를 심어둔 논이 보이기 시작한다. 점점 더 넓은 벼논이 이어지고, 길가에는 포플러 나뭇잎과 살살이꽃이 가녀린 손짓을 한다. 들녘에는 머리에 수건을 쓴 아낙네들이 쪼그리고 앉아 밭일을 한다. 우리나라 여느 시골풍경 같다.

자동차로 두 시간 남짓 달려왔다. 높은 건물은 보이지 않고 단층집들 서너 채 서로 어깨를 기대어 어울려 있기도 하고, 드문드문 외딴집도 보이고, 지붕 위에 태양열이 설치된 집도 있다. 집집마다 적당한 넓이의 마당이 있으며 마당은 정갈하게 정리된 집도 있고 그렇지 않은 집도 있다. 마당이 말끔한 집은 조선족이 사는 집이고 그렇지 않은 집은 한족이 사는 집이라고 한다. 길에서 훤히 들여다보이는 마당을 보니 대부분 한족의 집이다.

이곳, 신빈현의 옛 이름은 흥경興京으로 청나라의 발상지라고 한다. 이곳에는 청태조 누르하치의 4대조가 잠든 영릉과 누르하치가 만주족을 통일하고 한汗으로 등극한 허투알라성이 있다. 만주족 자치현인 신빈현은 태자하·소자하·부이강 등 여러 강줄기가 지나고 있어 농사짓기 좋은 곳이다. 그래서 1870년대부터 조선인이 이곳으로 와서 논을 만들고 정착하기 시작했다. 특히 1910년 이후 만주로 이주해 온 우리 민족의 주요 거주지였으며 독립운동의 주요기지이기도 했다. 조선혁명당·국민부·조선혁명군의 거점이 이곳이었고, 정의부·국민부의 청사 건물이 1990년 초까지 남아 있었다고 한다.

내 고향마을에서 태어나 중국에서 활동한 독립운동가 윤응호

尹應湖가 떠오른다. 그는 1880년 포항시 북구 기북면 성법리에서 출생하여 중국 요령성 개원현 이가태遼寧省 開原縣 李家台에서 살았다. 1920년 2월경 중국 봉천성 유하현 화우구柳河縣 火牛溝에 이주하여 살다가 그해 9월경부터 1923년 12월까지 일제 어용단체인 '조선민회'의 구장으로 선임되어 있으면서도 1922년 12월 28일 통의부統義府 소속 소위 사용륙少尉 沙用陸 등과 함께 독립군자금 모금활동을 하였고, 1929년부터 정의부正義府에 가입하여 요령성 만주 일대에서 독립운동을 하다가 치안유지법 등 위반 혐의로 검거되어 징역 2년을 선고받았다.

해방 후 잠시 귀국하여 자신의 독립운동 참여사실을 요로에 알렸으나 증빙자료가 없다며 공적사실을 인정하지 않자 다시 만주로 간 다음 돌아오지 않았다. 얼마나 울화가 치밀었으면 광복된 고국으로 돌아왔다가 다시 떠났을까. 후손들도 모두 만주에서 한국으로 돌아오지 않아 생사를 알지 못한다. 그들은 이 땅 어딘가에서 어떤 모습으로 살고 있을까. 파평윤씨 세보世譜에도 기재되어 있건만…. 생각할수록 마음이 아프고 답답해진다. 포항 성법 사람 독립운동가 윤응호도 이곳 신빈현에 머물지 않았을까. 독립운동을 하면서 친일은 하지 않았지만 그런 단체에 가입해서 항일

운동을 한 사람이 이분뿐이었으랴.

  우리는 양세봉 장군의 흉상胸像이 있는 목적지를 찾지 못해 헤매었다. 내비게이션의 도움으로 근처에는 왔으나 장군상은 찾지 못했다. 길에 지나다니는 사람도 보이지 않아 물어 볼 수도 없었다. 한참을 기다리다가 자전거를 타고 지나는 사람에게 길을 물었으나 모른다고 한다. 마을의 가게주인도 고개를 흔든다. 그러기를 또 한참이 지났다. 마을 앞을 지나다가 나무그늘 아래에서 피서를 하고 있는 마을주민 서너 명을 만났다. 그들에게 사진을 보여주며 길을 물으니 그중 한 분이 안다고 했다. 그분을 차에 모시고 온 길을 다시 돌아 길가에 주차를 하고 걸어서 산자락으로 들어갔다.

  팔월의 땡볕은 따갑다. 온몸에서 땀이 줄줄 흘러내린다. 앞서 가는 노인은 아무 말도 없이 슬리퍼를 신은 발로 성큼성큼 걷는다. 콩밭과 옥수수밭을 지나 핏빛 맨드라미와 짙은 남색 달개비꽃, 봉선화와 강아지풀, 그리고 질경이들이 불볕더위를 온몸으로 이겨내고 있는 흙길을 십 분 남짓 걸었을까. 개 짖는 소리가 들렸다. 산기슭 외딴집에 사람이 살고 있나 보다. 키가 작고 얼굴이 동그스름한 노인 한 분이 집에서 나왔다. 반가이 인사를 나누었다.

처음 보는 사람이지만 표정이 해맑은 아이 같다. 외딴집을 지나자마자 왼쪽 언덕에 돌로 쌓은 계단과 축대 위에 장군상이 보였다. 계단으로 올라가는 길은 강아지풀과 잡초들이 무성하고 축대와 계단도 일부 허물어져서 위험하기까지 했다. 조심스럽게 계단을 올라 장군상을 가까이에서 뵈었다. 장군의 흉상은 심양 로신미술학원 조각학부 주임 전금택田金澤 선생이 한복 입은 장군의 모습을 제작하여, 높이 1.65m, 너비 1.4m, 높이 3.75m의 정방형 기단 위에 모셔두었다.

양세봉 장군은 1896년 평안북도 철산군에서 태어나 1917년 가족과 함께 흥경(신빈현)으로 이주하여 신빈현 홍묘자향에서 거주하였으며 1919년 그곳에서 만세운동을 주도했다. 3·1운동 직후 평안북도 삭주군의 옥립군 천마산부대에 들어갔다가 1920년 만주로 건너가 광복군총영總營에 참여했다. 육군주만참의부陸軍駐滿參議府가 결성되자 소대장으로 국내진공작전에 참여했으며, 그 후 무장 항일단체인 천마산대에 가입하여 평안도 창성군 대유동 습격작전을 비롯해 무장투쟁에 앞장섰으며 대한통의부·참의부·정의부·국민부 등에서 소대장과 중대장을 역임하기도 했다.

1924년 평북 초산군과 강계군, 마시탄전투(일본총독 사이토

마코토 저격사건) 등에 적극 참전하여 만주와 한반도 북부의 여러 전투에서 많은 전과를 올렸다. 1929년 만주의 각 단체가 통합하여 국민부國民府를 조직할 때 국민부 소속 조선혁명군 제1중대장이 되었다. 1931년 8월 만주사변이 일어나자 조선혁명군 총사령관이 되었으며, 군관학교를 설립하고 교장으로서 군대를 양성하면서 흥경성전투와 노구대전투, 쾌대모자전투에서 연전연승을 거두었다. 당시 조선혁명군은 일본군 1개 연대와 교전한 적도 있다. 그는 남만주 일대에서 여러 차례 일본군을 격퇴하여 '군신軍神'이라 불릴 정도였다.

1934년 8월 12일, 일본군은 중국인을 매수하여 장군에게 러시아 무기를 싼값에 제공하겠다고 유인하였다. 장군은 '아동양인'이라는 사람을 만나려고 신빈현 왕청문 사령부를 떠나 향수하자향 항구촌으로 가다가, 언덕에 매복한 일본군의 습격을 받아 소황구에서 암살당하였다. 그가 순국하자 조선혁명군 대원들이 그의 시신을 고구려산성 아래 김도선의 집으로 모셔다가 일주일 동안 애도했고, 9월 25일 고구려산성 기슭에 안장했다고 한다. 장군이 돌아가신 후 조선혁명군은 급격히 와해되어 소규모 유격전을 치르는 정도로 위축되고 말았다. 장군이 설립한 군관학교는

1933년 일본군의 폭격으로 사라졌으며, 현재 군관학교 터는 대로로 바뀌었다.

신빈현 왕청문향 고려산촌에 사는 김효순金孝順, 77세 할머니는 그날의 일을 생생하게 기억한다.

아버지(김두선)는 양세봉 장군을 따라 독립운동을 하던 분이었소. 나는 어린 나이에 독립군의 연락을 다녔다오. 양장군의 장례를 치르고 나서 며칠이 안 되었는데, 놈들이 우리 집으로 들이닥쳤구만. 그자들은 아버지를 나무에 비끄러매놓고 때리면서 양 장군의 묘소를 대라는 거였소. 아버지가 말을 안 하자 어머니와 나까지도 때렸소. 마을에 변절자가 있어서 양 장군의 묘소를 안 그자들은 산에 가서 묘를 파서 시신을 끌어다가 아버지의 발치에 놓고는 도끼로 목을 치라는 거였소. 아버지는 '자식이 어이 어버이의 목을 치며 백성이 어이 임금한테 욕된 일을 한다고 그러오. 나라를 잃은 오늘 양 장군은 우리의 어버이고 임금이요.'라고 말했소.

놈들은 양 장군의 수급을 떼어 보자기에 싸 들고 가면서 아버지한테 총을 쏘았소, 아버지는 비명에 돌아가셨다오. 마을 사람들은 수급이 없는 장군의 시신을 다시 그 자리에 묻었다오. 해방 후 김일성 주석이 모셔간 장군의 골회는 두개골이 없는 것이었소.

 북한의 김일성 주석이 양세봉 장군을 매우 존경했으며, 광복 후 장군의 부인과 자녀들은 평양으로 모셔갔고, 그 외 양씨 일가는 중국에 살고 있다고 한다. 또한 1961년 장군의 딸과 사위, 며느리들이 유골을 출관하여 평양의 '대성산혁명렬사릉'에 안장하였다. 우리나라는 1962년 양세봉 장군에게 건국훈장 독립장을 추서했으며, 1974년 동작동 국립현충원에 장군의 가묘를 만들어 넋을 기린다. 양세봉 장군은 남한과 북한에서도 추앙하고, 중국에서도 존경하는 유일한 독립운동가이다.

 처음 양세봉 장군상은 신빈현 왕청문 조선족소학교에 있었다. 이곳은 독립군 남만주 사령부 자리로 조선혁명군이 세운 화흥중학교와 나란히 있었으나 지금은 폐교되었다. 이 학교 입구에 1995년 8월 신빈현 조선족 기업가협회가 중심이 되어 '항일명장 양세봉抗日名將 梁瑞鳳'이란 글을 새긴 장군의 흉상胸像을 건립하였다. 그러나 2008년 조선족이 사는 지역(조선촌)이 한족에게 넘어가자, 2009년 조선족 동포들이 돈을 모아 국유림의 땅을 사들여 신빈현 왕청문 협피구 강남촌新濱縣 旺淸門 夾皮溝 江南村으로 옮겨 오늘에 이른다.

 흉상을 다시 바라보았다. 결의가 가득한 표정은 불의와 맞서 싸울 늠름한 모습이다. 하지만 왼쪽 어깨 아래쪽에는 커다란 벌집이 매달려 있으며 바닥 돌은 곳곳에 깨어지거나 고르지 않아 울퉁불퉁하다. 버려진 건축자재들과 녹슨 철제 장비들, 땔감용 나뭇더미를 덮어 둔 비닐은 찢어져 너풀거리고, 그 사이사이에 개망초와 잡초들이 불쑥불쑥 돋아나 있다. 흉상 주변에 돋아난 잡초를 몇 줌 뽑아내고 파란 하늘 아래에 우뚝 서 있는 장군상에 묵념하고 발길을 돌렸다.

 계단 옆 벽에는 연변대학민족역사연구소와 신변구족자치구의 선전부, 그리고 연청성 항일연관가항일전쟁사연구회에서 각각 제작한 '양세봉 장군기념비'라고 적힌 3개의 동판이 설치되어 있었다. 장군을 뵈러 올 때보다 발걸음이 더 무거워졌다. 오는 길에 잠시 만났던 붉은 기가 게양되어 있는 외딴집에 사는 연세 지긋한 부부를 만났다.

 두 분은 일하던 손을 멈추고 우리를 보고 말없이 미소 지었다. 이들은 정답게 햇살을 등에 지고 오이를 말리는 중이었다. 오이는 동그랗게 또는 길쭉한 모양으로 잘려서 널찍한 건조대에 담겨

꾸들꾸들 마르고 있었다. 마치 우리나라 시골에서 가을햇살에 만드는 무말랭이와 흡사하다. 그렇다. 이곳은 우리나라와 가깝다. 이 지역은 조선족들이 많이 살던 곳인지라 우리나라의 문화가 이곳에도 전파되었으리라. 간단한 인사를 나누었지만 매우 순박하고 다정한 사람이라는 걸 느꼈다.

  내가 또 언제 이곳에 올까. 그분들과 함께 기념사진을 남겼다. 수첩을 내밀며 그들의 주소와 이름을 적어달라고 부탁했더니 흔쾌히 적어 주었다. 반듯한 글씨체로 '왕청문진 강남촌 대협피구, 조영산汪靑門鎭 江南村 大夾皮溝, 趙嶸山, 73세'이라고 적었다. 생전 처음 만나는 분들이지만 작은 정을 나누고 작별을 했다. 돌아오는 흙길 양쪽에는 쑥과 달맞이꽃, 나팔꽃 넝쿨과 피마자와 맨드라미들이 즐비했다. 대한민국 내 고향마을 들녘 같았다. 팔월의 햇살은 따갑지만 나라를 찾으려고 목숨 바치고 피 흘린 선조들을 생각하니 더위타령은 사치라고 생각되었다.

  먼지 나는 길을 오백 미터 정도 걸어 나와 자동차를 타고 폐교된 신빈현 왕청문 조선족소학교에 왔다. 현재는 '무순옥토농업과기개발유한공사撫順沃土農業科技開發有限公司'로 활용되고 있다. 이전에는 교문에 들어서면 정면에 '항일명장 양세봉抗日名將 梁瑞鳳'이라 적한 장군의 흉상이 있었으나 지금은 회사의 작은 정원으로 바뀌었다. 붉은 색으로 '만향첨수滿鄕䑜水'라는 글씨가 적힌 길쭉한 바위를 중심으로 크고 작은 화분들이 놓여져있다. 정문 앞 길가에는 나지막이 줄 맞추어 백일홍이 피어있고 제비나비 한 마리 바쁜 날갯짓으로 이 꽃 저 꽃 위에 날아다닌다.

백일홍 꽃잎들이 마치 고국을 떠나 나라를 찾으려다 흘린 선조들의 핏방울 같다. 고국이 그리워 마당에 길가에 이런 작은 꽃들을 심었으리라. 사람은 떠났지만 풀들은 그 자리에 남아 씨앗들이 싹을 틔우고 꽃을 피워 떠나간 이들을 그리워하고 있는가 보다. 풀들도 그분들을 되새기고 있는데 사람들은 점점 잊어가니 만주 땅에 핀 꽃 한 송이, 풀 한 포기도 예사로이 보이지 않는다. 내가 자유롭게 다닐 수 있는 것도 구국의 일념으로 피 흘리고 목숨 바친 선조들 덕분이 아닌가.

왕청문진 강한촌汪靑門鎭 江漢村에 사는 72세 장만전張万全 노인은 기억하고 있었다. 장군상이 소학교에 있을 때는 사람들이 쉽게 뵈올 수 있었으나 산속으로 옮겨진 후에는 사람들의 기억에서 점점 멀어져 간다고. 신빈현에 핀 빨강·노랑·보라·흰색 백일홍, 내 마음 밭에 가득 심어졌다.

반환점에서

목소리를 잃었다. 새벽에 일어나 물을 한 컵 마신 후 자고 있는 사람을 깨우려고 하니 말이 나오지 않았다. 이럴 수가…. 전날 목을 특별히 많이 쓰지도 않았고, 목이 불편하다는 것도 느끼지 못했는데 말이다. 기침이 나지 않으니 감기도 아닌 것 같다. 모래 바람 같은 내 말소리를 들은 가족이 모두 일어났다. 아침 정리를 마치고 이비인후과에 달려갔다.

성대가 많이 부었단다. 꽃가루와 황사가 있으니 외출할 때 꼭 마스크를 하고 다니라는 말과 함께 처방전을 발급해 주었다. 주사는 맞지 않고 약국에서 약만 지어 돌아왔다. 가족에게 휴대전화 문자메시지로 병원 다녀온 결과를 알리고 의사의 말씀에 잘

따르는 착한 환자가 되었다. 따뜻한 물을 자주 마시고, 말을 많이 하지 않고, 목에는 스카프를 둘렀다.

모처럼 집에 있으니 편하긴 한데, 또한 심심하기도 했다. 집안 구석구석을 둘러보았다. 평소에는 스쳐보기만 했던 화분과 아이들의 방, 그리고 창문들을 살폈다. 곳곳에 쌓인 먼지가 눈에 들어왔다. 화분과 아들아이의 방을 정리하고 창틀 사이와 유리창에 쌓여 있는 묵은 먼지를 닦아내었다. 한참 동안 내 손을 거치자 집안이 맑고 깨끗해졌다. 유리창이 깨끗해지자 뜰에 있는 감나무·벽오동나무·모과나무들이 집안으로 성큼 들어왔다. 병아리 부리 같은 연둣빛 새순들이 집안에 가득해지자 한결 기분이 상쾌해졌다. 내 목구멍도 한 순간에 말끔해진 듯했으나 회색소리만 새어나왔다. 집안 정리를 마치고 땀을 씻고 신문을 펼쳤다.

〈총선현장〉 '제주서 112세 할머니 투표'라는 제목에 눈이 번쩍 뜨였다. 갈색 모자와 안경을 쓴 할머니가 '01****'로 시작되는 주민등록증을 들고 찍은 사진이 크게 실렸다. 1901년에 태어나 오늘날까지 사셨으니 백열두 살이다. 사람은 갑작스런 사고나 치명적인 질병을 앓지 않으면 백스무 살까지 살 수 있다고 한다. 어떤 사람들은 모든 사람이 그렇게 오래 살면 재앙이라며 인간의 지나친 수명연장에 대해 부정적인 생각을 하는 사람도 있다. 신문을 통해 백 살이 넘은 사람의 기사도 종종 만난다. 그러니 백세시대가 되었음은 부정할 수 없는 현실이다. 백 살까지 산다고 생각하면 나는 반환점에 이른 셈이다.

초등학교 다닐 때 운동회를 하던 날이었다. 일등으로 달리던 동생이 반환점을 돌다가 미끄러지면서 넘어졌다. 넘어진 동생 위로 뒤따라 힘껏 달려오던 아이들이 동생을 밟고 달리기도 하고 동생 위에 같이 넘어지기도 한 일이 있었다. 그 일이 있은 후 동생은 병원에서 수술을 하고 치료를 받았지만 왼쪽 팔은 약간의 기형이 되고 말았다.

내가 '초보운전'을 차 뒤에 붙이고 도로를 주행할 때였다. 길을 잘못 들어 되돌아가야 했다. 과감하게 유턴을 하다가 직진으로 달려오는 대형트럭의 번쩍거리는 불빛과 우레 같은 경적소리, 뒤에 있던 차들의 앞지르기에 혼비백산이 될 뻔했다. 그 순간을 생각하면 지금도 등줄기가 오싹해진다. 내 기억속의 반환점은 '위험'이다. 반환점은 안전하게 돌아야 하리라.

나는 지금 인생의 반환점에 와 있다. 그동안 달려오던 길에서 잠시 멈추었다가 돌아가야 한다. 속도를 줄이고 쉬엄쉬엄 걸으면서 봄에 피어나는 새순과 꽃잎들, 그리고 흙에서 속삭이는 소리들에 귀 기울이며 그들과 눈빛도 나누며 살아가야겠다.

아이를 길러본 엄마들은 잘 알 것이다. 아기들은 크고 작은 몸살을 앓은 후에 성장한다. 아픔을 이겨낸 후 복숭앗빛 잇몸에서 하얀 이가 별처럼 돋아나거나 걸음마를 하거나 말을 하기 시작한다. 아기들은 '성장통'이라는 아픔과 함께 자라지만 이제 나는 '노년통'과 함께 익어가는 걸까. 혜민스님의 『멈추면 비로소 보이는 것들』에서 말한 것처럼 마음과 친해지고 마음을 내려놓고 그저 내 안에 있는 나를 바라보는 연습을 많이 하면 성숙해지려나.

감나무에서 돋아나는 연둣빛 새순이 유리알처럼 반짝인다. 수십 년 동안 하루도 쉬지 않고 사용하던 성대가 조심하라는 신호를 보내온 것일 게다. 그동안 셀 수 없이 많이 뱉어낸 말들을 돌아보고, 앞으로 해야 할 말들에 관해 심사숙고하라는 가르침으로 받아들여야겠다. 이제 내 몸뚱이 어느 곳에서 또 어떤 신호를 보내올지…. 고요히 맞이할 준비를 해야겠다. 소풍 끝나는 날까지 함께 손잡고 가야 할 새로운 길동무들로 여겨야 하리.

송도바다에서 만난 사람

변신 중인 송도해수욕장에 왔다. 이곳에 처음 온 기억은 국민학교 3학년 무렵인 것 같다. 아버지와 함께 콩나물시루 같은 버스를 타고 뽀얀 먼지가 풀풀 나는 도로를 달려 해수욕을 하러 왔었다. 어머니께서 만들어주신 연분홍과 회색줄무늬가 있는 면으로 만든 수영복, 세상에서 하나뿐인 나만의 수영복을 입고 뜨거운 모래사장과 푸른 바다에서 수많은 인파에 뒤섞여 뒹굴었다. 모래성 쌓기, 두꺼비집 짓기, 물웅덩이 파기, 파도타기 등 바다와 솔밭을 오가며 땀을 뻘뻘 흘리며 뛰어 놀았다. 어깨와 팔·다리에 피부가 벗겨지는 후유증은 지금 생각해도 온몸이 따끔거리는 것 같다. 이후에도 여러 번 송도해수욕장을 드나들었지만 스무 살쯤 되었을 어느 여름날 송도바다에서 어떤 사람을 만났다.

　내 친구 삼미는 나보다 키는 작았지만 마음은 통하는 데가 있었다. 둘은 가벼운 마음으로 바닷바람을 쐬러 파도가 출렁이는 이곳에 왔었다. 넓은 은빛모래밭을 굽이 높은 흰색 샌들을 신고 되똥되똥 걸어 방파제가 있는 곳으로 나아갔다. 방파제가 있는 저 어디쯤에서인지, 군복을 입은 키 큰 사람과 평상복을 입은 키 작은 청년을 만나 우리는 주소를 주고받았고, 서너 번 정도 편지도 오고갔다.

　연습장에 편지를 썼다가는 지우고 또 썼다가는 지우기를 여러 번 거친 후에 펜촉 끝에 잉크를 묻혀 띄어쓰기며 맞춤법이 틀리지 않게 정성껏 편지를 썼다. 문구점에 들러 고운 빛깔과 꽃무늬나 물방울무늬가 은은하게 비치는 예쁜 편지지를 골라, 정갈하게 쓴 편지를 곱게 접어 봉투에 담아 우체국으로 가서 가장 최근에 발행된 우표를 붙여 편지함에 넣었다. 이렇게 보낸 편지가 받아보는 사람에게 도착하려면 최소한 사나흘을 걸렸다. 답장을 받아보려면 열흘쯤은 족히 기다려야 했다.

　들며 날며 대문 앞에 걸려있던 편지함을 들여다보던 나날들은 또 어떠했던가. 다락방에서 가만히 꺼내오시던 외할머니의 작은 보따리를 바라볼 때의 설렘 같다고 할까. 아니면 우듬지에 발그스레하게 익은 홍시를 쳐다보는 달콤함이라고 해야 할까. 만나기로 한 날짜가 적힌 편지를 받기도 전에 사람이 먼저 도착한 경우도 있었으니, 스피드시대의 지구촌 아이들이 어찌 그 상황을 이해할까.

 딸아이가 편지를 주고받을 당시의 내 나이가 되었다. 나의 이야기를 듣고는 흑백텔레비전이나 소설 속 옛이야기 같단다. 신세대들은 '번호를 딴다'고 하여 즉석에서 휴대전화 번호를 주고받은 후 문자를 보내고 받기도 하고 만나기도 한단다. 글씨 또한 휴대전화에서 사용하는 이모티콘이나 줄임말, 인터넷 용어들을 사용한다. 상대방이 실제로 사용하는 글씨는 문법에 맞는지 글자는 반듯반듯하게 쓰는지 알 수도 없고 또한 알 필요도 없단다. 그래서 그런지 요즘 젊은이들이 쓰는 글씨는 알아보기 힘들 때가 더러 있다. 글자모양이 반듯하고 맞춤법에 맞으며 정성이 가득 담긴 글씨로 쓴 편지에서 느끼는 감정들은 요즘 아이들은 알지 못하리라.

 군에 가 있는 아들에게 '손편지'를 두어 번 적어 보냈다. 이후에는 인터넷 홈페이지에 방문해서 글을 남기면, 그것이 곧 편지가 되어 전달된다기에 그렇게 했다. 우체국을 가지 않고 시간에 구속되지도 않으니 언제 어디서나 편지를 보낼 수 있어 편리했다. 아들도 훈련소에서는 몇 번의 편지를 보내오더니 자대로 배치 받은 후에는 단 한 번 편지를 보내왔을 뿐이다. 그 후로는 편지 대신 전화로 안부를 전하곤 했다. 최첨단 정보화 시대에 사는 이십 대의 젊은이들에게 내가 살았던 스무 살 시대와 비교하다니 나도 나이를 먹어 가는가 보다.

 송도바다는 1980년대만 해도 천혜의 조건을 갖춘 해수욕장으로 명성이 높았다. 하지만 바뀌거나 변하지 않는 것은 없다. 편지를 보내온 그 군인도 많이 변하였으리라. 십 년이면 강산도 변한다는 말은 이미 옛말이 되었고, 강산은 하루 만에라도 충분히 변한다는 오늘날인데, 오고 간 뜨거운 여름철들이 서른 번도 넘었으니….

 서설을 닮은 머리카락을 이고 있을까. 안경은 썼을까. 얼굴엔 적당한 주름살이 생기고, 배가 불룩한 사업가가 되어 고급승용차를 타고 다닐까. 글쎄, 구릿빛 동안童顔으로 탄탄한 근육을 자랑하는 체육인이 되어있을지도 모르겠다. '꼬마 아가씨,'로 시작되는 편지를 보내 왔던 키 큰 군인아저씨. 그 사람도 송도바다에 오면 긴 머리 소녀를 생각할까?

광복축구

올해는 광복이 된 지 74년(2019)이 되는 해이다. 나라 잃은 서러움과 그로 인한 숱한 고통들에서 해방이 된 날이다. 삼십여 년 동안 참고 참았던 함성을 마음껏 터뜨렸던 바로 그날이다. 빼앗긴 나라를 되찾았으니 바닷물도 춤을 추고 산천초목도 춤을 추었으리라. 두 팔 크게 벌려 목청껏 만세를 외치며 흙 한 줌에도 눈물겨워했으리라. 내 나라 내 땅에서 내 뜻대로 살 수 있는 자유를 찾았으니 그 감격을 어떻게 말로 글로 표현 할 수 있으랴.

70여 년 전, 신광에 살았던 사람들은 그 울분을 토한 날을 잊지 않기 위하여, 또다시 그런 억압의 시대를 당하지 않기 위하여 무엇보다도 단결이 필요함을 절실히 느꼈던 것이다. 1947년 8월

15일, 영일군(영일군·포항시 통합 전)을 대표하는 신광의 축구선수들이 중심이 되어 광복절을 기념하여 공을 차기 시작했다. 짚으로 새끼를 꼬아 공을 만들고 골네트도 새끼줄을 엮어서 만들었다. 선수들은 흰색바지·저고리를 입고 머리에는 흰 띠를 두르고 온몸으로 땀을 쏟아내며 공을 찼던 것이다.

  그러나 한국전쟁으로 축구를 중단할 수밖에 없었다. 전쟁이 끝난 후, 1954년 8월 15일 축구는 다시 시작되었다. 어려운 여건임에도 불구하고 축구를 중심으로 지역민들은 한마음으로 뭉쳤다. 이후 25년 동안 그 맥을 이어왔으나 1980년과 1981년에 극심한 가뭄과 냉해로 축구를 하지 못했다. 이후 1982년부터 오늘날까지 해마다 광복절이면 신광을 떠나 살던 사람들도 운동장에 모여서 그날처럼 공을 찬다. 2019년, 광복 제74주년·신광면민 친선축구 제68주년을 기념하는 '광복축구'가 성황리에 열렸다.

  8월 13일 개막식을 시작으로 3일 동안 22개 마을에서 출전한 선수들이 경기를 거쳐 8월 15일 결승전을 했다. 개막식을 한 날은 30도가 넘는 무더위 속에서 내리쬐는 햇볕을 온몸으로 받으며 뜨거운 운동장에서 공을 찼다. 결승전을 한 날은 태풍 크로사의 영향으로 강풍을 동반한 비가 내렸지만 선수들은 비를 흠뻑 맞으며 빗물이 흥건한 운동장에서 공을 쫓아 힘껏 뛰었다. 더 놀라운 일은 각 마을마다 응원을 하러 나온 연로하신 분들이 운동장에 마련된 천막 아래에 가득히 앉아서 자리를 떠나지 않는 모습이었다.

 타지에서 고향을 찾아온 사람들은 고향사람들의 손을 잡고 안부를 물으며 정을 나누었다. 축구경기에서 승패는 문제 삼지 않았다. 져도 좋았다. 잘했다고 마을사람들은 칭찬이 자자했다. 축구를 중심으로 팔씨름과 윷놀이를 하여 순위에 따라 상장과 트로피 및 부상이 수여되었다. 부상은 돼지고기다. 해마다 이 행사를 할 때 돼지 서른 마리쯤을 잡는단다. 어느 해에는 소를 잡아 부상으로 삼은 적도 있단다. 올해는 돼지다. 수상을 못 한 동네는 상을 받은 마을에서 고기를 나누어 주기도 하여 신광면민 모두가 잔치를 연다.

 시상식이 끝난 운동장에서는 신명난 축제가 열렸다. 신광면에서 태어난 가수나 개그맨들이 고향에서 한바탕 신나는 마당을 펼쳤다. 풍물단을 앞세우고 난타·색소폰 공연에 이어 초대가수와 마을사람들의 노래자랑으로 운동장은 아주 흥겨웠다. 행운권을 추첨하여 자전거와 다양한 전자제품들이 선물로 주어졌다. 남녀

노소 모두 빗물에 젖고 땀에 젖어 함께 즐겼다. 74년 전 광복을 맞이한 그날도 오늘 같았을까. 비학산도 구름 사이로 얼굴을 내밀고 환하게 웃는 듯했다. 폭염주의보가 발표된 날에도, 태풍이 지나가는 날에도 음식을 장만하고 행사진행을 위해 동분서주하는 관계자들의 표정은 마치 어린아이 같았다.

 2025년, 올해도 광복 80주년을 기념해서 제72회 광복축구 및 민속경기가 성황리에 개최되었다. 특히 송아지 세 마리가 경품으로 등장하여 행운권 추첨시간에는 비상한 관심과 흥미를 돋우었다. 신광중학교 운동장에서는 80년 전 그날처럼 만세소리가 메아리쳤고, 이어지는 폭염경보 속에서도 땀을 줄줄 흘리며 공을 차고, 사람들은 어깨동무하여 춤추고 노래 불렀다. 포항시 북구 신광면에서 개최하는 대한민국 '광복축구'. 면면이 이어왔으며 또한 대대로 이어가리라. 광복, 다시 찾은 자유와 평화, 그날의 환희처럼, 오늘날 그런 환희와 함성을 함께할 일은 없을까.

월포 사람들

어머님의 뜰
옆집 할머니
청하 가는 버스
멸치 잡는 날
월포 사람들
때
비파골의 노래
인용사지仁容寺址에서
백일홍
민들레꽃

어머님의 뜰

하늘과 바다의 대화가 끝없이 이어지는 곳, 그 이야기가 가까이에서 들리는 바닷가 작은 마을에서 어머님은 땅 한쪽 귀퉁이에 보리를 가꾸셨다. 꽁꽁 언 땅을 뚫고 솟아오른 짙은 초록빛 새싹들은 부드러움과 강인함을 함께 보여 주었다. 마치 일제강점기와 한국전쟁을 잘 이겨내고 오늘날을 맞이하신 어머님의 모습 같았다. 어머님은 그리 많지 않은 보리를 가꾸시면서 살아온 날들의 무늬를 찾으셨을지도 모른다. 어머님께도 재롱둥이 세 살 어린아이였을 적 있었고 열다섯 살 꽃 같던 시절 분명 있었으리라. 어릴 적 보리밭에서 나란히 호미질을 함께했던 당신의 어머니를 생각하시지는 않았을까.

올해는 직접 농사지은 보리쌀과 콩으로 숭늉가루를 만들어 자식들에게 나누어 줄 생각에 세 이랑을 더 심으셨다. 씨 뿌리고 튼실하게 자라기를 기원하며 언 땅이 녹을 즈음, 아홉 이랑을 꼭꼭 밟기도 했다. 집 마당에서 대문만 열면 어머님의 뜰이었다. 대문을 활짝 열어두고 싱싱하게 자라는 보리를 내다보시며 기쁨과 희망을 품기도 했으리라. 마을 경로당에 가서 보리농사 이야기도 더러 하셨을 게다. 그런데 어머님의 정성이 가득 담긴 보리밭이 느닷없이 변을 당했다.

싹이 자라 제법 이삭을 피우며 맵시를 가꾸어 갈 즈음이었다. 아파트 건설현장의 거대한 쇳덩이가 착한 보리들을 형태도 없이 짓밟아버리고 만 것이다. 어머님께서 반나절 경로당에 다녀오신 사이에 벌어진 일이었다. 몹시 놀라고 화가 나신 어머님은 포클레인과 레미콘, 대형트럭들이 모래먼지를 흩날리는 공사장으로 보무도 당당하게 들어가 외쳤다.

"남의 보리밭을, 이리 파디비 놓고(이렇게 파헤쳐놓고), 우얄라카노(어떻게 할 거냐), 아이(으이). 어데(어디) 말 한마디 없이, 남의 밭을 다 파디비 놓고, 이 무신(무슨) 인간들이, 하는 짓이, 우예 이렇노(어떻게 이렇게 할 수가 있느냐), 으이."

파도 소리라도 삼킬 듯했다. 그 작은 체구에서 어떻게 그런 큰 소리가 나오셨을까. 처음 듣는 목소리였다.

"할메요(할머니), 보리 그거 무라(물러)줄게요, 얼만교?(얼마예요?)"

시장에 나가 돈을 주고 보리를 사면 금액이 얼마나 될까. 뿌린 씨앗에서 싹 나고 이삭 피고 누렇게 익어 가는 보리를 들며 나며 보살피신 애정을 어찌 돈에 견줄 수 있으랴. 어머님은 때에 맞추어 퇴비 뿌리고, 김매고, 물을 주면서 정성을 쏟으셨다. 해수욕장을 개장하기 전에 목덜미와 팔 다리에 스치는 보리 까끄라기의 그 따가움도 달게 여기며 땡볕 아래에서 타작을 하시고, 그 보리로 엿기름을 만들어 귀한 날, 입술이 쫙쫙 들어붙는 식혜를 꼭 만드셨다. 이제는 그 엿기름으로 만든 식혜는커녕 마당 한가운데 멍석에서 물에 불린 보리가 싹을 틔우면서 꼼지락거리는 모습도 볼 수 없게 되었다. 어머님은 대문을 걸어 잠그고 긴 한숨만 수없이 내리쉬셨다.

이틀 후, 공사장에서 아저씨 한 분이 왔다.

"할메요, 보릿값 무라(물러)주러 왔는데요."

"마, 시끄럽다."

"이걸로 질금(엿기름) 사소(사세요)."

 봉투를 마루에 던져놓고 핑 나가버렸다. 현금 오만 원과 허망하게 바뀌어 버린 어머님의 바다보다 더 푸르던 보리밭. 어머님의 뜰은 그렇게 어이없이 수난을 당하고 말았다. 흙모래 먼지는 뚤뚤 뭉쳐 괴물처럼 주위를 휘저으며 돌아다니고 연둣빛 감나무 이파리들은 숨이 막혀 몸부림을 쳤지만 건설의 소리는 그치지 않았다.
 마침내 아파트가 세워졌다. 흰 수건을 머리에 두른 어머님은 파헤쳐진 땅을 어루만지기 시작했다. 창졸간에 찢기고 할퀸 상처에 약을 바르고 새살이 돋기를 바라며 땅을 달래었다. 이랑을 만들고 뜰 가장자리에는 옥수수와 호박을 심으셨다. 옥수수 대궁은 어머님의 키보다 더 높이 자라 울타리를 이루어 뜰을 지키는 든든한 병정 같았다. 호박도 싱싱한 넝쿨을 지어 어머님을 위로해 주었다. 곳곳에서 노란 꽃등을 환하게 밝히는가 하면 연한 잎은 어머님의 식욕을 돋우기도 했다. 구슬만 한 호박들은 어머님의 애정을 독차지하기에 충분했다. 하루가 다르게 몸집이 굵어지는 호박들을 만나는 일은 어머님의 즐거움이었다. 한가윗날이 가까워질 무렵이면 손주들을 이끌고 여기저기 흩어져 있는 황금빛 호박들을 찾아 나서곤 했다. 자식들에게 묵직한 황금덩이 두어 개씩 나누어

주실 때는 마치 개선장군 같았다.

　바지런한 어머님은 땅콩도 심으셨다. 땅속에 열리는 콩. 모든 콩은 꽃이 피고 진 자리에 열매 맺히는 것으로만 알고 있는 아이들에게 신선한 충격이었다. 아이들과 함께 노르스름한 이파리를 팔랑거리고 있는 땅콩 대궁을 뽑았을 때의 경이로움은 소름이 돋을 지경이었다. 하얗고 오동통한 땅콩이 조롱조롱 매달려 있었다. 마치 어미의 젖을 입에 물고 잠에서 깨어난 토실토실한 아기 돼지들 같았다. 흙을 씻고 솥에 담아 찐 땅콩은 할머니표 간식으로 삽시간에 바닥이 났다. 어머님의 뜰은 상처가 아물면서 새롭고 신비스러운 것들을 수없이 보여주었다.

　어머님은 그러셨다. 해마다 쓰다듬어 가꾸시던 보리가 살던 자리에서 새로운 기쁨을 찾으셨다. 고구마순을 시장에서 삼만 원어치 사다가 심으셨다는 말에 고구마를 삼만 원어치 사면 실컷 드실 거라고 나무라던 우리들에게 아무런 말씀도 하지 않으시더니 고구마줄기를 뜯어 껍질을 벗겨 건채를 만드시고, 큼지막하게 잘생긴 고구마들은 아들네와 딸네, 사돈댁에까지 한 상자씩 나눠주실 때의 표정은 포대화상 같았다.

　이제, 보리밭은 액자 속에 갇혀 벽에 매달려 있다. 수런거리던 황금물결은 기억 속에 너울거릴 뿐이다. 올해는 참깨를 더 많이 심으려고 하시는 어머님은 깻묵을 얻어다 헛간에 넣어두고 언 땅이 녹기를 기다린다. 땅이 부드러워지면 어머님의 손등을 닮은 밭이랑을 만들려고 호미 들고 대문을 나설 것이다.

  어머님의 뜰은 삶의 교과서였다. 무순을 솎으며 굵고 곧은 무를 키우려면 야위고 부실한 것들은 뽑아내야 한다는 것, 살아가면서 군더더기는 과감히 버려야 한다는 것, 이미 엎질러진 일에는 미련을 두지 말고 새로운 방법을 모색해야 한다는 것, 상처와 슬픔은 마음속에 오래 가두어 두지 말아야 한다는 것, 그리고 기쁨은 함께 나누어야 하는 것…. 또 어떤 깨달음을 줄까. 저만치서 봄바람이 동그라미 그린다.

옆집 할머니

비가 오신다. 서둘러 아이들을 학교에 보내고 조간신문을 펼쳐 둔 채 찻물을 끓였다. 김이 모락모락 피어오르는 찻잔을 두 손으로 감싼다. 따스함이 손끝에서 가슴속으로 스며든다. 이런 느낌이 행복일까.

간밤 꿈속에 옥색 한복을 곱게 차려입고 나들이하시던 한 분의 모습이 떠오른다. 그분을 처음 만난 때는 아들아이가 두 살 무렵이었다. 분양받은 아파트에 우리가 입주를 하고, 석 달쯤 지나고서야 빈집이었던 옆집에 누군가 이사를 왔다. 어린아이가 없는 것으로 보아 연세 드신 분일 거라고 짐작은 했지만 당시 나는 연년생 아이를 기르는 어미로 온종일 끝도 없는 집안의 잡다한 일거리로 이웃집은 돌아볼 겨를이 없을 때였다.

　방 안은 장난감과 인형들로 발 디딜 틈 없이 널브러져있기 일쑤였고, 어지러이 흩어져 있는 색연필과 그림책, 색종이 위에 동요는 팔랑팔랑 춤을 추며 집 안 구석구석에 간지럼을 태웠다. 비디오에 녹화해 둔 〈아기돼지 삼형제〉와 〈뽀뽀뽀 유치원〉은 아이들에게 마술사 역할을 톡톡히 했다. 아이들은 꼼짝도 하지 않고 앉아 무아지경이 되어 몰입하다가도 어느새 일어나 뒤뚱뒤뚱 따라 하며 신나게 춤도 추는가 하면 때로는 느닷없이 울음을 터뜨리기도 했다.

　어느 날, 현관벨소리가 울려서 밖을 내다보니 할머니 한 분이 서 계셨다. 아이들에게 '함부로 문을 열어주면 절대로 안 된다.'고 단단히 일러주던 때였다. 아이들은 눈을 동그랗게 뜨고 나를 바라보았고, 나는 조심스레 "누구세요?" 했더니 "옆집 할미요." 하셨다.

　며칠 전 옆집으로 이사 오신 할머니라 반갑게 문을 열고 난장판이 된 집 안으로 들어오시게 했다. 아이들은 낯선 할머니 앞에서 잠시나마 얌전한 아이가 되어 그림책을 쌓아놓고 보기 시작했다. 이런 저런 이야기를 나누다가

"우리 손자 손녀 보듯이 자주 놀러 오마, 아가야, 안녕."
하시며 다녀가신 후로 할머니는 빈손으로 오신 적이 거의 없다.
"영감 할미 둘이서 이 수박을 어떻게 다 먹어? 아이들 좀 줘."
"나, 묵호 동생네 집에 갔다 왔어. 묵호 오징어 맛 좀 봐."
"인천 딸네 집에서 가져온 거여. 항아리에 담아 땅속에 묻어 발효시킨 오리 알이야. 귀한 것이여, 몇 개 안되지만 별미로 먹어 봐."

하루는 할머니께서
"할아버지가 옆집 아이들 보고 싶다고 데리고 오래."
하셨다. 아이들은 할머니 손을 잡고 쪼로롱 달려갔고, 나도 뒤따라갔더니 맛있는 음식이 가득 차려진 상 앞에 앉아서 벌써 할아버지와 재미나게 놀고 있었다. 그날이 할아버지의 생신날이었던 것이다. 손주들이 생각났지만 멀리 있으니 가까이 있는 우리 아이들을 불러 밥을 같이 먹자고 마음을 내셨던 것이었다. 아이들은 생일축하 노래를 부르면서 손뼉을 치며 좋아했다.

오늘처럼 비가 부슬부슬 내리는 날이었다.
'똑똑' 문 두드리는 소리에 내다보니 찻잔 두 개를 나란히 올린 쟁반을 들고 계셨다.

"커피를 한 잔 마시고 싶은디 영감이 못 먹게 해서 정호 에미 준다고 들고 나왔어."

두툼한 커피잔이 세월의 두께만큼이나 할머니를 닮아 있었다. 연세 드신 분들은 커피를 좋아하시지 않을 것이라는 생각으로 율무차나 쑥차를 드렸던 것이 생각나 커피 잔을 받으니 미안했다.

커피와 비스킷을 함께 드시는 할머니의 세련된 모습을 보며 솔직히 나는 깜짝 놀랐다. 아이 키우느라 정신없이 지나가버린 세월 속에 까맣게 잊고 있었던 이십대의 추억과 낭만이 뭉클뭉클 솟아났다. 호수가 내려다보이는 넓은 창가에 앉아 차 한 잔을 마시며 잔잔히 흐르는 음악에 취하곤 하던 나를 흔들어 깨웠다. 나도 나이가 들면 할머니처럼 옆집 새댁에게 커피잔을 들고 가려나.

팔순 할머니의 깔끔함과 부지런함, 그리고 몸에 밴 근검, 절약과 노년의 아름다움을 배우는 기간은 나에게 오래 주어지지 않았다. 친정동생이 살고 있는 마을로 이사를 하신다고 했다. 연세가 많으니 돌봐 줄 사람이 있는 곳에서 살아야 든든하다는 이유에서였다. 젊은 시절 일본에서 사셨던 이야기를 하시며 눈물도 비치셨던 할머니, 나를 딸같이 며느리같이 여기며 살았는데 발걸음이 떨어지지 않는다며 내 손을 꼭 잡고 눈물 흘리시며 이삿짐을 앞세우고 떠나셨다.

  다음해 설날, 아이들을 데리고 할머니를 찾아뵈었다. 조립식주택에서 단정하게 정리를 해 두고 사시는 할머니는 커피 한 잔을 끓여주셨다. 꽃무늬가 있는 얇고 가벼운 찻잔이었다. 살림살이가 구닥다리들이라고 다 버리고 새것으로 바꾸었다며 동생댁을 나무라시는 얼굴에서 새댁의 미소가 엿보였다.

  비 오는 날 커피를 마시고 싶어 하시던 분, 커피에는 비스킷이 제일 어울린다는 멋쟁이 할머니, 옆집 아이들을 친손자·손녀처럼 정을 듬뿍 주시던 가슴 넓으신 분, 평안한 목소리로 당신이 살아오신 이야기와 사람이 살아가야 할 길을 나직나직 들려주시던 인자하신 분이셨다. 옥색 한복을 곱게 차려 입으시고 어디로 가셨을까. 할머니가 살던 집에 새댁이 이사를 왔다. 또각거리는 구두 소리와 화장품 향기가 스친다. 풋고추 송송 썰어 넣고 부추전이라도 부쳐 한 접시 들고 현관문을 두드려볼까.

청하 가는 버스

대구에서 포항까지 무정차 직행버스를 타고 포항터미널에 도착했다. 이십여 분을 기다렸다가 청하로 가는 버스를 탔다. 승객은 나를 포함해서 두 사람뿐이다. 기사님은 승객을 확인이라도 하는 듯이 차 안을 둘러보고 운전석에 앉아 라디오를 켰다. 경쾌한 노래가 오후의 나른함을 말끔하게 씻어준다. 버스가 출발했다. 승강장이 있는 곳마다 행선지를 안내하는 방송이 있어 길을 잘 모르는 사람들에게 편리하겠다는 생각을 하며 창밖을 내다보는 사이 오호광장을 지나 죽도시장 앞에 이르렀다.

할머니들이 커다란 고무대야를 하나씩 들고 차에 올랐다. 생선 비늘이 여기저기 붙어 있는 걸로 보아 새벽시장에서 팔 생선을 담아 왔던 대야인가 보다. 비린내를 몰고 오는 할머니들을 반갑게 맞아주는 기사님이 꼭 이웃집 아저씨 같다. 기사님이 오늘 생선시세가 어떠했으며, 금(生선가격)은 잘 쳐서 받았는지, 점심은 맛있는 것 사 드셨는지를 묻자 할머니들의 대답도 인정이 넘친다. 다라이(큰 대야)를 장바닥에 내리자마자 어떤 부부가 와서 통째로 한꺼번에 다 달라고 해서 팔고 한복점에 앉아 놀다가 차 시간 맞추어서 왔다고 목소리를 높인다. 수지가 맞았다느니 팥죽을 맛있게 사 먹었다느니 모두들 한마디씩 한다.

  예순은 훌쩍 넘어 보이는 할아버지 한 분과 할머니 다섯 분이 차안에 오르자 갑자기 부산해졌다. 어판장의 활기를 그대로 옮겨 온 듯하다. 어떤 할머니는 젊은 새댁이 와서 고기 이름을 묻기에 하나도 빠짐없이 다 가르쳐 주고 맛있게 요리해 먹는 방법까지 알려줬다고 한다. 오늘 번 돈으로 병원비와 약값 주고 나니 겨우 차비만 남았다는 할머니도 있다. 라디오 소리가 거의 들리지 않는다. 가늘게 흘러나오던 음악이 멈추고 뉴스가 시작되었다. 기사님이 라디오 소리를 높게 조절하는 것 같다.

  잠자던 아이가 사라졌다. 아파트에 설치한 무인카메라를 되돌려본 끝에 아이의 아버지가 아이를 안고 나가는 장면이 밝혀졌고,

조사결과 자백을 받았단다. 재혼에 지장이 될까 봐 아이를 없애려 했다는 것이다. 비통한 뉴스가 버스 안을 무겁게 흔들었다. 여기저기서 '하이구, 죽일 눔, 미친 눔, 알라(아기)가 무슨 죄가 있다고…' 하며 한숨 섞인 말이 차 안에 가득 번지자 어떤 할머니 한 분이 '베락(벼락) 맞아 뒈질 눔 아이가…!!' 하며 호통을 친다. 거센 파도 소리 같다.

뉴스는 계속되었고, 사람들은 아무 말이 없다. '군에 가는 아들에게 잠바 하나 사 입히고 싶어 어머니가 백화점에서 남의 지갑을 훔쳐 경찰에 잡혔는데 정상이 참작되어…' 아나운서의 말이 채 끝나기도 전에 '잘한 거여, 아들한테 잠바를 얼마나 사 입히고 싶었으면 그랬을꼬…' 하며 한숨인 듯 짧은 탄식과 안타까워하는 소리가 들린다. 오늘 아침에 신문에서 본 내용이다.

김밥장사를 하며 키운 외아들이 추운 겨울에 훈련소에 가게 되었다. 아들에게 그동안 따뜻한 옷 한 번 사 입히지 못한 것이 마음이 아파서 가게 수십 곳을 다녔지만 너무 비싸서 사지 못하고 돌아 나오던 길에 마침 어떤 사람이 현금이 많이 든 지갑을 가방에 넣는 것을 본 순간 그런 일이 벌어졌고, 현장에서 잡혔다. 징역 1년을 선고받았다가 집행유예 3년으로 선고했다는 것이다. 아들을 사랑하는 어머니의 마음을 지나치다고 누가 자신 있게 말할 수 있겠는가. 비싼 물가 탓에 귀한 외아들 잠바 하나 좋은 것 사 입히지 못하는 현실을 어찌 어머니 탓만 할 수 있을까. 라디오에서는 에프티에이, 6자회담, 대학입시제도에 관한 뉴스가 이어지고 모두들 묵묵히 목적지를 향해 가고 있다. 차창 밖에는 슬픔을 머금은 봄빛이 졸고 있다.

청하로 가는 버스 안은 조금 전, 대구에서 달려온 무정차 직행 버스와 사뭇 다르다. 라디오를 켜둔 것은 같았으나 열 명 남짓한 승객들이 저마다 홀로 앉아 잠을 자는지, 라디오를 듣는지 눈을 감고 있었다. 라디오 소리만 나지막하게 버스 안에 서성거릴 뿐, 고요했다. 햇살이 들어오는 방향은 커튼으로 창문을 가려 창밖 풍경도 볼 수 없었다. 밀실 같았다고 할까. 저마다 사연은 있었으리라. 외로움을 즐기는 사람, 깊은 생각에 잠긴 사람, 피로에 지친 사람…. 타인에 대한 무관심, 현대인의 자화상이 아닌가 싶기도 하다.

청하 가는 버스 안은 마을 경로당 같다. 기쁜 이야기와 슬픈 이야기를 나누며 가족처럼 함께 웃고 슬퍼하며 걱정하고, 칭찬하고 응원하며 지내는 따스한 마을 사람들. 모든 세상이 온정이 넘치는 이 버스 안만 같았으면 좋겠다. 희로애락을 포장하지 않는 세상, 또한 그렇게 하는 이야기를 순수하게 들어주고 마음을 열어 모두가 소통하는 세상을 소망해본다.

 버스는 시내를 벗어나 외곽지로 향해 달린다. 길가에 활짝 핀 개나리도 창백한 슬픔 같았다. 아빠의 검은손에 끌려 새가 되어 하늘로 날아간 가엾은 아기의 마지막 숨소리가 들리는 듯했다. 봄은 왔지만 진정한 봄은 언제쯤 오려나. 버스를 타고 재래시장에 장보따리를 이고 들고 다니는 어르신들의 입가에 웃음이 저절로 피어나는 뉴스가 많은 날이 되었으면 좋겠다. 그런 날이 오면, 정말 그런 날이 오면, 나는 덩실덩실 춤을 추겠다.

멸치 잡는 날

 으스레한 새벽이다. 아버님께서 바다로 나가시는가 보다. 대문 열리는 소리가 맑다. 어머님께서 두레박으로 우물물 긷는 소리와 함께 쌀 씻는 소리가 가만가만 귓가로 걸어온다. 어머님은 '부엌일은 내가 할 테니, 너는 알라(아기)만 봐라.'고 하셨다. 아기를 돌보는 일보다는 부엌일하는 것이 마음 편하다고 하신 말씀에 따라 나는 잠자는 아기 옆에 누워있었지만 마음은 어머님을 따라다녔다. 어머님은 전 날 아버님이 바다에서 잡은 고등어로 조림을 하고 멸치를 볶고 된장을 끓였다. 반찬과 밥을 담은 스테인리스 그릇을 널찍한 고무대야에 담아 머리에 이고 아버님이 계신 곳으로 가신다. 아버님은 불(월포 사람들이 '바닷가'를 일컫는 말)에서 아침밥을 드셨다.

한참 후 어머님은 아버님께서 물리신 '밥상'을 머리에 이고 "밥 묵자." 하시며 마당으로 들어오셨다. 벽에 기대 있던 양은 두레상을 펼치고 어머님과 마주 앉아 아침밥을 먹는다. 설거지가 끝날 무렵이면 불에서 후리그물 당기는 소리가 바람에 실려 오고, 어머님의 발걸음은 바빠지기 시작한다. 부엌 옆에 설치해 둔 양철로 만든 네모난 솥에 우물물을 길러다 붓고 적당량의 소금을 넣은 후 장작불을 지핀다. 우물가에는 커다란 고무 통마다 물을 가득가득 담아두고 바다로 간다.

바다에서 그날 함께 일한 사람들에게 나누어주는 멸치를 노란 광주리에 담아 리어카에 싣고 모래사장을 가로질러 차도를 지나 집 안 우물가로 달려온다. 간물(바닷물)과 함께 마당으로 실려 온 멸치를 부드러운 손놀림으로 해초들을 가려내며 우물물에 헹구고 소쿠리에 건져 물이 줄줄 흐르는 채로 들고, 곧장 달려가서 물이 펄펄 끓는 솥에 넣어 데친다. 너무 많은 양의 멸치를 솥에 넣으면 엉키기 때문에 적당한 만큼만 넣고 얼른 건져내야 한다. 건지는 시간을 잠시라도 놓쳐버리면 연약한 멸치들의 형태가 일그러지기 일쑤이다. 수건을 목에 걸치고 이마와 얼굴, 목에 비 오듯이 흐르는 땀을 연신 닦으며 뛰어다녀야 한다. 이 일은 시간을 다투는 일이다. 시간이 지체되면 상품가치가 떨어지기 때문이다.

또한 일하는 사람들도 손발이 잘 맞아야 일도 빨리 끝낼뿐더러 품질 좋은 멸치를 만들 수 있다. 그날은 남편이 직장에서 쉬는 날이어서 리어카를 담당하였다. 나는 우물물을 길러 통에 가득 담아 온 멸치를 헹구고, 헹군 멸치를 솥으로 들고 가고, 솥에서 건진 멸치를 햇살 아래로 옮기는 일을 맡았다. 어머님은 물이 쏼쏼 끓는 솥에 멸치를 넣었다가 건져내는 일을 하셨다.

마당과 대문 밖, 담 옆으로 햇살 좋고 바람 잘 통하는 곳에 멸치를 펼쳐 담은 건조대를 비스듬히 세워두고 우물가를 정리하고 있으면 아버님은 물옷을 챙겨들고 집으로 들어오신다. 점심 먹을 때가 된 것이다. 그물에 걸려 잡힌 물고기들을 장만하여 생선회로 만들어 양푼이에 담아 풋고추와 양파 초고추장과 함께 버무리고, 건조대에서 꾸덕꾸덕 마른 굵은 멸치 몇 마리 거두어 와서 고추장에 찍어 먹으면 그 맛은 정말이지 꿀맛이다. 얼굴에 바닷물 자국과 생선비늘 몇 조각이 달라붙은 것도 모른 채 온몸으로 땀을 줄줄 쏟으며 정신없이 뛰어다닌 순간들이 밥상 위에서 바람처럼 지나가곤 했다.

여름 해는 길다. 그날은 멸치가 많이 잡혀서 집과 바다 사이를 여러 번 뛰어다녀야 했다. 한 번 더 그물을 놓는다는 기별이 온 것이다. 멸치가 불을 메웠단다. 아버님께서 들고 오신 물옷을 다시 갈아입고 고슬고슬 말라가는 멸치들을 쓰다듬으며 땡볕 쏟아지는 바다로 뚜벅뚜벅 걸어가신 후, 집에 있는 사람은 건조대에 말려 둔 멸치들을 뒤집기 시작한다. 한 마리씩, 한 마리씩 그렇게 하지 않으면 건조대에 말라붙어서 온전한 멸치가 되지 않는다. 어머님은 널어 둔 멸치 손질을 마치고 옥상에 올라가서 불에 나간 아버님을 찾는다. 뱃머리에 계시는 모습을 보자 빵과 우유를 새참으로 들고 가신다.

마당에 잠시 고요가 찾아온다. 나는 비린내를 맡고 건조대 옆으로 어슬렁거리는 고양이를 쫓다가 옥상에 올라가서 불에 나가신 아버님과 어머님을 찾는다. 파도 소리와 함께 어부들의 노랫소리가 들려온다.

  어이여차 어여차
  어이여차 어여차

그물을 배에 실으며 부르는 노랫소리가 힘차다. 멸치가 그물을 무겁게 할 것 같다. 새참을 가지고 다녀오신 어머님은 널어 둔 멸치를 손으로 만져보시고는 한 곳으로 모아서 바람이 잘 통하는 그늘 진 곳으로 옮기고 다시 멸치 삶을 준비를 하신다. 온 가족이 발을 동동 굴리며 한 번 더 땀을 한 바가지씩 쏟아낸다. 그러는 사이 긴 여름 한낮은 꼴딱 지나가 버린다.

  해그림자가 마당에 슬그머니 내려앉을 즈음이면 오늘 한 일을 갈무리한다. 먼저 말린 것과 나중 말린 것, 몸집이 크고 작은 것, 배가 터지거나 등이 꼬부라지고 몸통이 동강 난 녀석들은 가려내어 체에 치고 키에 까불어서 말끔하게 손질한 후 종이 포대에 담는다. 저울눈금을 넉넉하게 재어 고방에 모아두면 늦가을 수북이 쌓아둔 볏가마니인 양 흐뭇했다.

  그날처럼 햇볕이 하루 종일 좋은 날도 있지만, 갑자기 소나기가 오는 날도 있다. 그때는 마당과 담에 기대어 건조대 위에서 마르고 있는 멸치들을 빨리 방 안으로 들여놓아야 한다. 비를 맞으면 푸른빛이 감도는 싱싱한 멸치가 누르스름한 빛으로 바뀌어 맛과 함께 품질이 떨어지기 때문이다. 마루와 방 안에 켜켜이 쌓인 건조대에서 풍기는 멸치 냄새는 며칠 동안 머물며 떠날 줄을 몰랐다.

  아버님의 체취가 남아있는 바다에 오면 은빛 멸치가 볼을 가득히 메우던 그날의 펄떡이는 힘이 되살아난다. 붉은 태양을 밀어 올려 온 세상을 환하게 밝히는 시원始原의 신비를 마시는 듯하다. 푸른 바다와 하얀 갈매기, 바닷가 사람들의 건장한 구릿빛 두 팔뚝, 굵은 땀방울, 뜨거운 백사장, 그리고 후리그물에 가득 담긴 멸치를 털며 부르던 힘찬 노랫소리가 파도처럼 밀려온다.

    어이야 디야 어이야 디야
    어이야 디야 어이야 디야
    어이야 디야 어이야 디야

월포 사람들

　나는 포항 산골마을에서 태어나 포항 바닷가 사람과 혼인하여 포항에서 살고 있다. 갈래머리 시절 가끔 바다를 거닐 때면 푸른 바다와 부서지는 하얀 파도, 창공에서 자유로이 날갯짓하는 갈매기와 넓은 백사장은 참으로 아름답게 보였다. 하지만 월포 사람이 된 나는 바다와 함께 사는 사람들은 아름다움과 함께 아픔과 통곡, 눈물도 가슴에 품고 산다는 것을 깨달았다.

　마을 사람들 중에는 바다에 고기잡이하러 갔다가 풍랑을 만나 간신히 살아 돌아온 사람도 있지만 불귀의 객이 된 사람도 있다. 실종된 지 며칠 만에 돌아온 아들의 주검을 앞에 두고 목 놓아 통곡하는 어머니와 가슴속으로 뜨거운 눈물 흘리며 흐느끼는 아버지도 이 마을에 산다. 툭툭 불거진 손마디로 숙명처럼 그물을 꿰매며 홀로 사는 할머니와 수지가 맞지 않아 배를 묶어둔 노총각도 이 동네 주민이다. 월포 사람들은 바다가 신명 나면 춤을 추고, 바다가 몸부림치면 더욱더 고통스러워한다. 무심한 듯 출렁이는 바다를 바라보니 지난날들이 떠오른다.

　바다는 아버님의 삶의 터전이었다. 농촌사람들이 논과 밭에서 작물들을 가꾸고 거두어들이듯이 바닷가 사람들은 바다에서 해초를 따고 물고기를 잡는다. 아버님은 졸고 있는 새벽을 깨워 후리그물로 멸치 잡는 일을 주로 하셨다. 아버님과 함께 뱃일하는 이웃사람들도 물옷을 입은 채로 햇볕 내리쬐는 모래사장에서 아침밥을 드셨다. 농촌사람들이 들녘 나무그늘 아래에서 널찍한 고무대야에 담긴 새참을 먹듯이.

　후리그물에는 주로 멸치가 잡혔지만 가끔 오징어도 잡혔다. 그런 날은 마을사람들이 우물가에 모여 쭈그리고 앉아 오징어를 장만했다. 오징어 배를 갈라 내장을 꺼내는 빠른 손놀림은 기계가 움직이는 것 같았다. 깨끗하게 씻은 오징어를 마지막 헹굴 때는 소금과 식용유를 적당하게 넣은 물에 담갔다가 건졌다. 그렇게 하면 햇볕에 오징어가 마를 때 파리가 앉지 않는다고 했다. 말쑥해진 오징어는 옥상으로 가져가서 이쑤시개와 나무젓가락을 이용하여 모양을 잡아 빨랫줄에 널어 바람을 쐬게 해두면 잘 말랐다. 햇살을 머금으며 변신해가는 오징어를 매만지면 손끝에 닿는 촉촉함이 참 부드러웠다.

아침 일찍 일을 시작하면 해 질 무렵 적당하게 잘 마른 '피데기 오징어'를 거두어들일 수 있었다. 열 마리씩 비닐봉투에 담아 냉동고에 보관해 두었다가 숯불에 굽거나 간장에 졸이거나 쪄서도 먹었다. 아이들은 버터를 발라 프라이팬에 구워주면 젤리 먹듯이 먹곤 했다. 오징어와 더불어 과메기도 빠뜨릴 수 없다. 처마 아래 짚으로 엮은 새끼줄에 꿰어 곶감 말리듯 주렁주렁 매달아두었다가 두 어 마리씩 껍질을 벗기고 가시를 발라 밥반찬으로 먹곤 했었다. 요즈음은 차가운 바닷바람에 말린 청어과메기는 귀한 음식이 되었다.

바싹 마른 청어는 말린 가자미와 잡어들과 함께 두툼하게 썬 무와 두부를 넣고 된장을 듬뿍 넣어 큼지막한 냄비에 담아 찌개를 끓여 먹기도 했다. 고춧가루나 고추장보다 된장으로 간을 맞춘 어머님표 찌개는 특미였다. 미역이나 다시마 같은 해초들은 젓갈로 양념을 하고 땅에서 나는 채소들은 된장으로 간을 해야 맛있다는 어머님의 요리법은 바닷가 사람들의 공통적인 요리비법이었다.

 바다는 바닷가마을 아이들의 넓은 놀이터였다. 나도 가끔 아이들을 데리고 바다로 나들이를 했다. 아이들은 모래놀이를 하며 옷이 젖는 줄도, 시간 가는 줄도 모르고 신이 났었다. 바닷가에 자주 나가니 신발이 문제였다. 한 번 나갔다 오면 모래와 바닷물에 젖어 보송보송한 운동화를 신을 수가 없었다. 시장에 가서 아이들 발에 맞는 고무신을 샀는데 바닷가마을에서 신기에는 안성맞춤이었다. 바닷물과 모래에 흠뻑 젖어도 깨끗이 씻어서 햇살 드는 양지쪽에 세워두기만 하면 그만이었다.

 댓돌 위에 나란히 앉아 있는 아버님과 손자와 손녀, 며느리의 하얀 고무신은 소박한 그림 같았다. 나는 고무신이 참 좋았다. 발가락 사이에 닿는 모래와 물의 느낌도 물론이거니와 푸성귀를 뜯으러 밭으로 갈 때 발바닥에 닿는 부드러운 흙의 촉감은 지금 생각해도 발바닥이 간질간질하다. 어머님은 고무신을 신고 외출하는 며느리를 언짢아하는 눈빛이었지만 시장에 가거나 아이들 예방접종을 하러 병원으로 갈 때도 고무신을 신곤 했었다.

 어느 날, 아이를 데리고 목욕탕에 간 적이 있다. 아이는 물바가지 여러 개에 물을 담아 종알종알하며 물놀이를 하더니 갑자기

"매레치(멸치) 잡았다~" 하고 소리 질렀다. 순간 주위에 있던 사람들의 시선이 집중되었다. "그래, 매레치 멫(몇) 마리 잡았노~ 마이(많이) 잡았나~" 동네 할머니들은 서너 살 먹은 아이의 말동무가 되어 주었다. 남의 집 손주였지만 내 가족처럼 여기며 아이들을 어여삐 여기는 정 많은 사람들이었다.

마을 사람들은 정월 대보름날이 가까워지면 바닷가에서 태울 달집을 만드느라 분주했다. 대보름날에는 풍물단을 앞세워 집집마다 다니며 부엌과 안방, 화장실과 헛간에 액운을 물리쳤다. 지신밟기를 하면 집주인은 떡과 고기, 막걸리를 상에 수북하게 올려 마당에서 함께 나누어 먹고 마시며 불콰한 시간을 보냈다. 그때는 추위도 잊는 채 마을사람들이 함께 즐기는 한마당 축제였다.

사람들은 꽹과리와 북, 장구를 두드리며 바닷가에 마련해 둔 달집을 빙글빙글 돌면서 춤을 추었다. 마을 부녀회원과 청년들은 달맞이에 참여하는 사람들에게 술과 떡, 뜨뜻한 국밥을 대접하기도 했다. 달이 떠오를 즈음이면 더욱더 흥겹게 춤을 추다가 달집에 불을 붙였다. 불이 활활 타오르면 그 해는 풍어와 풍년이 될 것이라고 믿으며 달집을 향해 두 손 모아 소원을 빌었다. 어두운 바다에서 두둥실 달이 떠오르면 또다시 사람들은 달을 향해 정성껏 풍어와 마을의 안녕, 가족의 건강과 행운을 기원하며 손을 모았다. 수망굿을 할 때도 마을사람들은 굿마당에서 함께 울고 웃고 춤을 추었다. 마치 선사시대 사람들 같았다.

　요즈음은 월포에도 예쁜 현대식 건물을 지어 피서객들을 맞이하는 곳이 많이 생겼지만 예전에는 민박하는 집들이 많았다. 어머님도 수십 년째 민박을 하셨다. 해마다 찾아오던 단골손님이 한 해라도 오지 않으면 그들의 안부를 걱정하셨다. 해수욕을 오는 사람들은 수영복을 입고 마당에서는 물론이요, 큰길에서도 활보를 했다. 그 모습을 조금도 이상하게 여기지 않는 바닷가 사람들이었다.

　큰바람이 현란했던 여름을 몰고 가면 마을 사람들은 해변에 버려진 쓰레기를 거두어 트럭으로 실어내었다. 가끔 쓰레기더미에서 동전이라도 한 닢 주운 날은 횡재를 만난 듯 즐거워했다. 피서객이 썰물처럼 떠나가고 바다 청소가 끝나면 마당에 쳐 두었던 그늘천막을 거두어들이고 가을맞이 준비를 한다. 추수가 시작되면 잘 익은 황금빛 벼가 마당에서 가을 햇살을 불러들이고, 민박을 하던 방은 뒤주가 되고, 차가운 바닷바람은 골목길을 누볐다.

　달 뜨는 항구, 아름다운 월포$_{月浦}$는 근래에 드라마와 영화촬영지로 인기가 높아지면서 활기를 띠기 시작했다. 동해선 열차가 멈추었다 가고, 고속도로도 마을 앞을 지난다. 해수욕장도 세련된 모습으로 변했다. 고기잡이하며 바다를 지키던 옛사람들은 추억이 되었지만 오늘도 월포 사람들은 숱한 사연을 안고도 무심한 척 밀려왔다 밀려가기만을 되풀이하는 파도 소리와 함께 울고 웃으며 산다.

때

    에어컨을 켜지 않고는 밤잠을 설치게 하던 날이 어제 같은데, 따스한 목도리를 챙긴다. 며칠 전, 열두어 살 아이였던 내가 환갑이 지난 할머니가 되어 고향 언니를 만났다. 우리는 서로 손을 마주 잡고 얼굴을 바라보며 옛 모습을 찾았다. 고향 사람들은 이래서 좋다. 그저 바라만 보아도 깊은 정이 흐른다. 언니는 살아온 이야기를 시냇물처럼 들려주었다.

    너나없이 가난한 시절이었다. 하루에 밥 세끼 먹으면 부잣집이라고 하던 시대였다. 언니는 밥 세끼 먹고, 깔끔한 옷 입고, 운동화 신고 학교도 다녔다. 친척의 중매로 산골 가난한 집 총각을 만나 결혼을 했단다. 하얀 얼굴에 눈이 동그란 언니의 시댁은 오막살이 집에 일곱 가족이 살고 있었다. 스물세 살 새댁은 이대로 살아서는 안 되겠다는 생각이 강하게 들었다고 했다. 궁리 끝에 결혼할 때 신랑에게서 받은 가락지를 팔아서 그 돈으로 병아리 두 마리를 사서 마당에 키우기 시작했다.

병아리는 자라서 제법 큰 닭이 되었고, 닭은 자라서 알을 낳았고, 언니는 그 알을 모아 어미 닭이 품도록 했다. 알에서 병아리들이 깨어나면서 마당에는 병아리 소리가 채송화처럼 피어났고, 어미를 따라 쪼르르 다니는 모습이 신기하면서도 예쁘기 그지없었다. 조 몇 줌을 마당에 뿌려주면 조르르 몰려나와 작은 부리로 바지런히 쪼아 먹는 모습은 정말 예뻤다고. 병아리들은 자라면서 온종일 집 주변을 다니면서 텃밭에 채소나 벌레들도 쪼아 먹으며 가정에 기쁨을 주었다.

점점 많이 모인 알과 제법 묵직하게 자란 닭은 팔기도 했다. 알에서 병아리는 더 많이 깨어났고, 마당은 닭들로 그득해졌다. 두레밥상에는 달걀 반찬과 닭고기가 자주 올라갔고, 거친 밥을 먹는 날도 줄었다. 시골에서 그렇게 모은 돈으로 도시에 나와 집도 사고, 자녀들 공부도 시켰다. 자녀들은 반듯하게 잘 자라서 국내·외에서 소임을 다하며, 다른 사람들로부터 인정받으며 살고, 손주들도 모두 제 할 일 잘하고 칭찬받으며 살고 있다. 언니의 이야기를 들으니 남양주 팔당호 옆 다산길을 거닐며 생각했던 '실학'이 되살아난다.

언니가 살아온 이야기를 다산 선생이 아신다면 칭찬을 많이 했을 것이다. 200여 년 전 선생이 이루고자 했던 일들은 이미 이루어진지 오래되었다. 사람이 사는 곳마다 실핏줄처럼 길이 이어져 있고, 그 길 위에 무수한 자동차들이 달린다. 유통구조도 놀랍다. 어촌에서 잡힌 해산물이 산촌 밥상에서도 싱싱한 채로 오른다. 뿐만 아니다. 시골집 안방에서도 국내산은 물론이요, 유럽이나 아메리카에서 생산된 물건들도 받을 수 있는 세상이다. 물물교환은 박제된 단어가 되었다. 사람들은 세계 여러 나라와 실시간으로 정보를 주고받으며, 해외여행도 자유롭게 다닌다. 하지만 사람들은 살기 힘들다고 한다.

언니는 당시에 가난하긴 했지만 삶이 고달프다는 생각은 들지 않았다고 한다. 긍정적인 마음으로 알뜰하게 살았기에 노년의 여유와 행복이 선물처럼 주어졌을 것이다. 문화센터에서 그림도 그리고, 난蘭도 치고, 스포츠댄스도 배운 지 오래되었다. 요즈음은 친구들과 파크골프도 즐기며, 여행과 봉사활동도 하며 지낸다. 청바지와 청재킷을 입은 언니의 얼굴에는 미소가 산소처럼 떠나지 않았다.

실학實學이란 무엇인가. 사전에서는 '실제로 소용되는 참된 학문'이라고 정의한다. 즉 탁상공론이나 현실과 맞지 않는 이론이 아니라 현실에 꼭 필요한 실용적인 학문이라고 할 수 있겠다. 오늘날은 인공지능AI시대이다. 사람이 하던 일을 기계가 간단하게 해결해 주는 편리한 세상이다. 우리나라는 1970년대 가난한 나라였지만 지금은 선진국이 되었다. 하지만 소외되고 힘겹게 사는 사람들도 있다. 무엇이 21세기 소외된 사람들에게 꼭 필요할까. 오늘날 '실학'은 과연 어떤 것일까.

연세 팔순을 바라보는 언니는 '실학'이 무엇인지 잘 모른다. 다산 선생의 『유배지에서 보낸 편지』도 읽은 적 없고, 『목민심서』를 탐독하지도 않았다. 하지만 실학을 몸소 실천한 지혜로운 사람이다. 하루 끼니도 잇지 못할 형편인데 금가락지가 무슨 소용이 있었던가. 허세虛勢이며 사치였다. 당장 해결해야 할 일은 의식주였다. 지금 언니의 손가락에는 병아리 두 마리와 바꾼 가락지보다 훨씬 더 값진 가락지가 반짝인다. 모든 일은 때가 있는 법이다. 그때 언니가 반지를 팔아 닭을 기르기 시작하지 않았다면 오늘날 황금들녘 같은 날을 누릴 수 있을까.

비파골의 노래

　부슬부슬 비가 내린다. 올해 봄은 유난히 비가 잦다. 거기다가 때 늦은 눈까지 내려 벚꽃 잎을 시리게 했다. 비가 내리기에 잠시 망설이다가 경주 남산으로 향했다. 비파골琵琶谷로 올라가 잠늠골로 내려올 생각이다. 용장4리 비파마을 앞에서 좁은 길을 따라 산자락으로 들어가면 반듯한 무덤 네 기가 있다. 남산은 국립공원이지만 곳곳에 민묘民墓들이 더러 있다. 무덤이 있거나 대나무 숲이 있거나, 기와조각이 발견되는 자리는 모두 절터였다고 해도 과언이 아니다. 옛 절터가 묘지로 바뀐 셈이다. 어떤 무덤은 무너진 탑이나 불상들과 함께 있는 경우도 있고, 사찰에 사용되었던 석조물들이 무덤 조성에 활용된 것들도 눈에 띈다. 이런 무덤을 볼 때면 무덤의 주인과 그 후손들이 어떤 사람들이며 어떻게 살고 있는지 궁금해지기도 한다.

묘소를 지나 길을 따라 올라가면 저 멀리에 탑이 보인다. 잠늠골 삼층석탑이다. 나뭇잎이 무성한 계절에는 잘 보이지 않지만 오늘은 그렇지 않아 오롯이 서 있는 탑이 잘 보인다. 팔백 미터 정도 길을 따라 가면 이정표가 있다. 오른쪽으로 가면 석가사 터로 가는 길이고 왼쪽으로 가면 금오봉과 삼층석탑으로 가는 길임을 친절하게 안내한다. 금오봉으로 가는 길로 접어들어 작은 계곡을 건너 다소 가파른 길을 올라가서 뒤로 돌아 남쪽으로 바라보면 마치 거북이가 탑을 업고 있는 것 같은 형상이 보이고, 발아래에는 비파골이 길게 흐른다.

『삼국유사』에 전하는 이야기가 생각난다. 신라 효소왕이 망덕사를 세우고 낙성식을 올렸다. 그때 행색이 초라한 비구승이 몸을 굽히며 재齋에 참석하기를 청하자 왕이 맨 끝자리에 앉기를 허락했다. 재가 끝날 즈음 왕이 농담조로 어디에 살고 있는가를 묻자 비구승은 비파암에 살고 있다고 대답했다. 이에 왕은 돌아가거든 왕이 직접 공양하는 재에 참석했다고 말하지 말라고 했다. 그러자 비구승은 임금님도 돌아가시거든 다른 사람에게 진신석가眞身釋迦

를 공양했다는 말씀을 하지 마십시오, 하고는 구름을 타고 남쪽을 향해 가버렸다. 왕이 놀라고 부끄러워서 급히 산으로 올라가 절을 하고 신하들에게 진신석가를 모셔오도록 했으나 만날 수 없었다. 진신석가는 지팡이와 바리때만 바위 위에 두고 바위 속으로 들어가 버렸던 것이다. 왕은 비파암 아래에 석가사釋迦寺를 세우고 자취가 사라진 곳에 불무사佛無寺를 세워 지팡이와 바리때를 각각 모셨다고 한다. 진신석가가 숨었다고 전하는 비파암琵琶岩이 있는 비파골이다.

비파골에는 필락 말락 하는 참꽃 봉오리가 빗물을 머금고 있다. 새색시의 순한 눈에 고인 눈물 같다고나 할까. 연일 이어지는 기막힌 소식이 비파골에도 펼쳐진다. 이천십년 삼월 이십육일, 서해에서 경계 중이던 천안함이 두 동강 나 침몰했다. 백네 명 가운데 구조된 사람은 쉰여덟 명이다. 닷새째 되는 오늘도 실종자들을 구조 하지 못해 애를 태운다. 펄과 거센 물살로 앞이 보이질 않아 구조는 더디기만 하다. 필사의 힘을 다하는 구조원들의 노력에도 불구하고 유족과 일부 정치인들은 구조대책이 늦다며 다그치고, 국민들은 기적이 일어나기만을 고대할 뿐이다.

마침내 구조대원들이 목숨을 잃는 일이 속출하자 실종자 가족들은 더 이상의 희생을 원하지 않는다고 하며 수색을 포기해달라고 결단하기에 이르렀다. 가족들의 애타는 사연들은 어찌 문자로 표현할 수 있으랴. 그리움과 사랑, 말 못 할 그 마음들이 참꽃 봉오리에 고스란히 매달려있다. 그렁그렁 맺힌 눈물방울이다. 노란 생강나무 꽃잎에도 솔잎 끝에도 유리구슬 같은 눈물방울들이 슬픔을 연주한다.

멀리 고위봉과 금오봉에 하얀 안개가 슬픈 몸짓을 하며 하늘로 오른다. 차디찬 바닷속에 잠겨있는 그들의 넋인 양 하여 한참 동안 바라보았다. 후배들을 구하러 바다로 뛰어든 '유디티의 전설' 한주호 준위도, 결혼기념으로 정성껏 십자수를 놓아 아내에게 선물한 남기훈 상사와 구조를 도우려고 나섰던 쌍끌이 어선 선원 김종평 님도 별이 되었다. 두 주 전 아들에게 보낸 편지가 '배달 못한 편지'로 분류되어 어머니 앞으로 되돌아왔다고 한다. 주인 잃은 편지를 돌려받은 어머니의 심정은 또 어떠하였으랴. 영별永別은 항하사恒河沙 같은 가르침을 남긴다.

스스로를 '바보야'라고 하시던 김수환 추기경과 무소유를 실천하신 법정스님도 떠나고, 나라를 지키던 푸르고 젊은 아들들도 떠났다. 성폭행으로 살해당한 꽃보다도 더 곱고 고운 아이도 가슴을 미어지게 한다. 인생을 비관하여 자살하는 젊은이와 노인들에 이어 인기연예인들의 연이은 자살도 안타깝기는 마찬가지다. 이런저런 사연들로 최근에 이어지는 죽음들은 참으로 많은 생각을 하게 한다. 어떻게 살아야 하는지, 어떤 죽음을 맞이해야 하는지….
비파골에서 두둑두둑 떨어지는 빗속을 서성거리노라니 '공무도하가公無渡河歌'가 떠오른다.

  고조선의 뱃사공 곽리자고가 아침 일찍 배를 손질하고 있을 때, 백수광부白首狂夫가 머리를 풀어헤친 채 술병을 쥐고 강물을 건너자 그의 아내가 뒤따르며 말렸으나 끝내 물에 빠져 죽고 말았다. 이에 그 아내는 공후를 뜯으며 슬픈 노래를 부른 후 남편을 따라 죽었다. 이 광경을 본 곽리자고가 집으로 돌아와 아내 여옥에게 보았던 이야기를 하자 여옥은 슬퍼하면서 그 노래를 불렀고, 이웃에 사는 여용에게 전하여 널리 알려지게 되었다고 전하는 '공무도하가'. 하늘로 올라가는 안개 속에서 그 슬픈 노래가 들려오는 듯하다.

    공무도하公無渡河 임이여, 물을 건너지 마오
    공경도하公竟渡河 임은 그예 물을 건너시네

타하이사墮河而死 물에 휩쓸려 돌아가시니
    당내공하當柰公何 가신 임을 어이할꼬.

 비파골이 흐느끼며 부르는 노래 '공무도하가'. 산을 넘고 강물을 건너와 온 땅을 적신다. 하늘도 젖어 있다.

인용사지仁容寺址에서

 빈 곳에는 바람소리가 더 무겁다. 먼 곳에서 시작된 바람이 바다를 건너 산을 넘어와 빈터에서 잠시 머뭇거리며 내 어깨 위에 묵직한 바람 한 줄기 얹어 놓는다. 감은사지에서도 황룡사지에서도 감빛 바람은 가볍게 지나가지 않았다. 어제 내린 빗물을 촉촉이 머금고 있는 인용사지. 국립경주박물관 옆을 지나 남천을 사이에 두고 월성과 마주하고 있다. 남천을 가로지르는 월정교가 복원되었다. 사람들은 왕궁에서 월정교와 일정교를 건너 남산과 남산 자락에 있었던 포석사鮑石祠, 그리고 이곳 인용사에도 발걸음을 하였으리라.
 사찰마다 고유한 유래를 지니고 있지만 이곳도 특이한 사연을 품고 있다. 나당전쟁羅唐戰爭 중 무열왕의 둘째 아들 김인문은 당나라에 머물며 오늘날의 외교관 역할을 감당하였다. 하지만 당나라 황제의 명에 따라 당나라에서 옥에 갇히고 말았다. 신라 사람들은 옥에 갇힌 김인문의 안녕을 위하여 고통에서 구제해 준다는 '관세음보살'을 모시는 인용사를 창건하였다고 한다. 이후 김인문이 당나라의 서울, 장안에서 세상을 떠났다는 소식을 듣자 '아미타불'을 모시고 극락왕생을 기원하는 도량으로 삼았던 곳이다. 오로지 김인문을 위해 지은 사찰이라고 전한다.

 절의 형태는 없지만 탑신들과 수많은 돌들이 무더기 지어 앉아 옛 기억들을 되새김질하고 있다. 탑의 지붕돌에는 새끼손가락 크기만 한 구멍이 여러 개 뚫려져 있는데, 그 구멍에 금동 따위로 만든 장식품을 부착했다고 한다. 석탑에 문양을 조각하지 않고 장식품을 설치하였으니 낮에는 찬란한 빛으로 희망을, 밤에는 은은한 빛으로 사람들의 마음을 위로해 주었으리라.

 아버님은 계란 꽃이 한창일 무렵 마루에 앉아 마당을 바라보시다가 옆으로 비스듬히 누우신 지 열흘 만에 눈을 감으셨다. 만가를 앞세워 아버님을 떠나보내며 극락왕생을 기원했다. 나는 결혼 후 시부모님과 따로 살다가 둘째 아이 출산 후 8개월 남짓 시댁에서 함께 살다가 다시 분가하였다. 어느 따스한 봄날, 아이들을 데리고 아파트 놀이터에 있었다. 그때 아버님께서 숨이 가쁘게 우리 집에 오셨다. 오늘날처럼 휴대전화를 사용하지 않던 때였으니 집으로 몇 번이나 전화를 해도 받지 않자, 달려오셨던 것이다.

  어머님은 만류했으나 도리어 화를 내시며 버스정거장에서 50분 동안 기다렸다가 버스를 타고 30분 넘게 걸리는 거리를 마다 않고 오셨다. 그날 아버님의 굳게 상기된 표정은 처음 보았다. 아버님과 함께 살다가 이사를 나왔으니 늘 눈에 보여야 할 손주들이 보이기는커녕 전화를 해도 연락이 되지 않았으니 얼마나 애가 타셨을까. 놀이터에서 놀고 있는 아이들을 보시자 '후우~~! 이제 됐다.' 하시며 굳었던 표정이 활짝 펴지시던 그날, 저녁밥을 함께 드시고 손주들의 재롱을 귀여워하시던 그 눈빛도 잊혀지지 않는다.

  어떤 날에는 어린 손녀와 손자를 데리고 바다에 가서 모래놀이도 해 주셨다. 물에 흠뻑 젖은 모래를 두 손으로 한 움큼 담아 조금씩 떨어뜨리며 구수한 목소리로 불러주시던 그 노래를 빈 절터에서 되새긴다.

    제바 제바 똥노라
    월포 제비 똥눈다

제바 제바 똥노라
　　월포 제비 똥눈다

　손주들과 무뚝뚝한 소년처럼 즐거워하시던 모습도 선하다.
　후리배가 만선으로 들어온 날, 멸치를 가득 담은 통을 머리에 이고 모래사장을 뒤뚱거리며 걷던 며느리의 어설픈 모습이 곧 쏟을 것 같아 가슴이 조마조마했다며 웃으시던 아버님, 가끔 큰 고기가 그물에 걸려들면 드시지 않고 말끔히 손질하여 주시던 사랑 많은 분이셨다. 나는 어떠했던가. 무릎이 아프다, 소변이 시원찮다고 하셔도 즉시 달려가지 않고 기다리게 했으니…. 아버님 보시기에 섭섭하게 여겨졌던 일이 어디 한두 가지였을까. 마음 불편하게 해 드린 일이 얼마나 많았을까. 언제쯤 아버님께서 '이제, 됐다.' 하실까. 남산자락에 화려한 레이스처럼 펼쳐져 있었을 인용사지에서 신라 사람들이 김인문의 안녕을 기원하듯 아버님의 극락왕생을 염원하며 '부모은중경父母恩重經'을 생각한다.

　　강산같이 중하신 부모님 은혜, 그 은혜 깊고 깊어 갚기 어렵네.
　　부모님 은혜는 깊고도 무거워라.

　서라별 하늘이 붉다.

백일홍

 버스를 타고 친구의 딸 결혼식장에 가는 길이었다. 육십 대 중반쯤 되어 보이는 아주머니가 내 옆자리에 앉자마자 말을 걸었다. 마치 전부터 잘 알고 지내는 사람인 양 '잔치에 가능교?' 하며 선뜻 말을 건넨 것이다. 내 옷차림이 그렇게 보였나 보다. 내 옆에 앉은 사람은 정성껏 매만진 머리와 옷차림새로 보아 결혼식장에 가는 길이 분명했다. 옅은 화장에 분홍빛이 감도는 스카프를 두르고, 아이보리색 코트를 입고 검정색 핸드백을 들고 갈색 구두를 신었다. 밝은 참꽃 빛 립스틱은 화사했다. 목적지는 나와 같았지만 시간이 달랐다. 장소가 같으니 더 반갑다면서 얼굴에 잔잔한 미소를 머금은 채 '미' 화음으로 남편과 친구들의 이야기도 스스럼없이 들려주었다. 처음 보는 낯선 사람이었지만 이런 저런 이야기를 들으며 나는 그녀의 행복한 마음을 읽었다. 자신감을 지니고 사는 순수한 중년의 참 모습이 바로 이런 것이 아닐까 싶었다.

　괴산 산막이 옛길에서 만난 여인들이 생각났다. '산막이 옛길'은 예부터 산이 마을을 장막처럼 둘러싸고 있다고 하여 불리어지는 이름이라고 한다. 장막처럼 둘러싸인 그 깊은 산속에 살던 사람들이 다니던 길을 복원한 것이다. 괴산호를 내려다볼 수 있어 아름답기로 유명하다더니 과연 소문대로 사람들이 많았다. 화려한 옷을 입은 사람들과 길가에 길게 줄지어서 나그네들을 맞이하는 백일홍이 어우러져서 거대한 꽃밭 같았다. 꽃 중의 꽃은 '사람꽃'이라고 하는 말이 실감났다.

　살살이 꽃길은 어릴 때부터 보아왔지만 길게 이어진 백일홍 꽃길은 처음 보았다. 어느 해부터인가 가로수에 심어진 목백일홍도 처음 보았을 때는 신선했지만 이제는 흔한 모습이 되었다. 나무가 아닌 풀 백일홍 꽃길은 새로웠다. 든든한 줄기에 분홍·주황·주홍·노랑·흰색의 겹꽃과 홑꽃들이 제각기 하늘을 향해 환호했다. 마치 알록달록 원색 옷을 입은 여성 대합창단이 소프라노 음성으로 아름다움을 찬양하는 공연무대 같았다.

그날 여인네들은 서로의 근황을 시작으로 텔레비전에서 본 드라마 얘기를 하더니 보석반지를 손가락에 끼워준 딸과 철마다 새 옷 장만해 준다는 며느리, 건강 챙겨주는 아들과 맛난 것 먹여주고 좋은 곳 구경시켜주는 사위 자랑에 목소리가 높았다. 휴대폰을 열어 손주들의 재롱을 동영상으로 보여줄 때는 해맑은 소녀들 같았다. 간헐적으로 터져 나오는 웃음소리가 유쾌하기 그지없었다. 그들의 수다는 웃음을 참지 못하게 하는 오락시간이었다가 금세 심각한 순간이 되기도 했다. 정치·경제·사회·국제적인 현안들까지 참으로 다양한 이야기들이 백일홍 꽃 높이만큼 땅 위에 펼쳐졌다.

예식장까지 반 시간 정도, 나는 고개를 끄덕이며 시간 가는 줄 모르고 이야기를 들었다. 버스는 어느덧 예식장 근처에 이르렀다. 내가 다음 정거장에서 내려야 한다고 했더니 아주머니는 '다음에 내리면 안 되고 그 다음에 내려야 한다.'며 기어코 앉아있으라고 했다. 나는 어쩔 수 없이 내리지를 못했다. 그런데 버스가 정거장을 지나자마자 창밖으로 가야 할 예식장이 보였다. 우리는 한 정거장을 더 지나서야 버스에서 내려 예식장까지 걸어야 했다. 아주머니는 잰걸음으로 나를 따라오며 연신 미안하다면서, 얼른 가라고 재촉했다. 예식장에 도착하니 말 그대로 잔칫집이었다. 그날 산막이 옛길처럼. 예식장에 온 모든 사람들의 표정이 기쁘고 즐겁다. 하늘을 향해 작은 꽃잎을 힘껏 펼친 백일홍 꽃밭 같았다.

  어릴 적 우리 집 꽃밭에도 백일홍이 있었다. 키 낮은 채송화가 앞자리를 차지하고, 그 뒤에 백일홍과 봉선화·금잔화·백합들이 어깨동무하고, 키 큰 해바라기가 큰형처럼 든든하게 꽃밭을 지켰다. 언젠가 어머니께서 백일홍 전설을 들려주셨다. 바다로 나간 바우를 기다리다 죽은 몽실이의 애틋한 사랑이야기였다. 몽실이의 무덤에서 백 일 동안 피었다가 지는 꽃, 몽실이의 영혼이 백일홍으로 환생했다고 할 때 눈물을 글썽이며 슬퍼했다. 그 후로 나는 백일홍을 볼 때마다 왠지 모를 슬픔에 잠기곤 했었다.

  그런데 산막이 옛길에서 만난 백일홍은 슬프지 않았다. 오히려 행복이란 단어가 먼저 떠올랐다. 높고 파란 하늘과 유유히 떠다니는 흰 구름, 가을 들녘을 쓰다듬고 지나가는 바람 때문만은 아닌 것 같았다. 자동차를 운전하며 시간에 맞추어 바삐 다니던 일상에서 벗어나 버스를 타고 가며 누렸던 편안함과 여유 덕분이었을까. 진솔하고 소박하게 살아온 중년 여인을 닮은 꽃. 백일홍 작은 꽃잎은 곱게 화장한 여인의 입술 같기도 했다. 허리 둘레가 적당하고 건강한 중년 아주머니들 얼굴에 숨어있던 소녀 적 미소가 백일홍 꽃으로 환하게 피어난 것 같았다.

  신이 세상에서 처음으로 만든 꽃이 살살이 꽃이고, 가장 마지막에 만든 꽃이 국화라고 한다. 살살이 꽃과 백일홍은 국화과에 속하니 국화에 버금가는 꽃인 셈이다. 살살이 꽃이 화장하지 않은 소녀의 발랄함이라면 백일홍은 단아함과 편안함을 겸비한, 화려하지만 경박하지 않은 중년 여인의 아름다움과 품위가 깃들어 있다고 할까. 버스에서 어떤 아주머니를 만난 것은 행운이었다. 처음 만났지만 사람의 마음을 즐겁게 해주는 중년 여인, 마치 활짝 핀 백일홍 같은 사람이었다. 나도 그런 여인이 될 수 있을까. 다홍빛 백일홍 같은.

민들레꽃

민석이가 계단을 내려오며 수정 같은 목소리로 노래 부른다. 또르르 구르는 노랫소리가 하도 맑고 고와서 현관문을 열었더니 방긋 웃으며 내 앞을 지나갔다. 윗집에 사는 민석이의 뒤뚱거리는 뒷모습이 사랑스럽다. 등에 맨 책가방이 아이의 등보다 더 크다. 몇 개월 전에는 집 앞에 앉아 서럽게 울며 굵은 눈물을 뚝뚝 흘렸다. 민석이는 엄마가 가끔 병원에 가고 집에 없으면 무척 슬프게 운다. 오늘 아침엔 기분이 매우 좋은 것 같다. 눈이 큰 민석이가 마당에서 집을 향해 쳐다본다. 야윈 엄마가 학교 가는 아들을 내려다보고 있나 보다. 엄마를 향해 손을 흔들고 흥겨운 걸음으로 학교로 향했다. 나도 덩달아 기분이 좋아졌다.

도서관으로 가는 길에서도 시장에 다녀오는 길에서도 민석이의 해맑은 목소리와 방글거리는 복숭앗빛 두 뺨, 마치 풍선 위를 걸어가는 것 같던 그 모습이 눈앞에서 떠나질 않았다. '장녹수' 소주방 앞을 지날 때였다. 소주방 앞 계단과 하수구 사이에 노랗게 핀 민들레를 만났다. 아, 이런 곳에서도 꽃을 피우다니. 온통 시멘트로 무장한 이곳에서…. 활짝 핀 노란 꽃이 태양처럼 찬란하다.

작은 꽃씨 한 톨이 어디에서 날아와 이곳에서 뿌리 내리고, 마침내 꽃을 피웠을까. 보살핌은커녕 미움조차도 받지 못했을 것이다. 철저한 무관심 속에서도 스스로 단단한 땅을 뚫고 솟아나 잎을 돋우고, 꽃을 피웠다. 얼마나 장한 일인가. 욕설과 술주정, 때로는 싸움이 난무했을 가장 낮은 곳에서 환하게 꽃을 피웠으니. 키는 작지만 당당함이 금강소나무 같다고 할까. 아주 작은 틈새에 먼지처럼 쌓여 있었을 흙부스러기에서도 꽃을 피울 수 있다는 사실, 희망이요 기쁨이다.

열아홉 살 김연아 선수가 피겨스케이팅 세계선수권대회에서 금메달을 목에 걸었다. 피겨의 여왕이 된 것이다. 경쟁 선수는 시설이 잘 갖추어진 전용링크에서 연습을 했지만 김연아는 그렇게 할 수가 없었다. 자정이 넘은 새벽에 겨우 빌린 차가운 스케이트

장에서 장갑을 끼고 훈련에 훈련을 거듭했다고 한다. 특히 이번 대회에는 발등의 통증과 여러 가지 악재가 방해를 해도 꿋꿋하게 이겨내고 당당하게 승리의 깃발을 거머쥔 것이다. 승리가 있기까지 주위 사람들의 관심도 있었겠지만 스스로를 채찍질하여 이루어낸 성과에 큰 박수를 보내고 싶다. 가장 큰 경쟁자는 자신이라고 한다. 자신과의 싸움에서 이긴 사람이 어디 김연아 선수뿐이겠는가.

세계인의 주목을 받지 못할지언정 집념으로 뜻을 이룬 부채의 명장 이기동 옹을 통해서도 희망을 본다. 전북 전주시에서 전통 합죽선만 육십 년 넘게 만들고 있다. 제대로 된 합죽선은 늦가을부터 겨울 동안 대나무 베는 일을 시작으로 최소 백여 일 동안에 이백여 공정을 거쳐야만 탄생된단다. 모든 공정을 손으로 일일이 작업을 하다 보니 대량으로 생산할 수가 없다.

이 옹은 열다섯 살부터 합죽선을 배우기 시작했다. 한창 뛰어다니며 놀아야 하는 나이에 쪼그리고 앉아서 해야 하는 일이기에 견디지 못해 여러 번 뛰쳐나가기도 했단다. 열아홉 살에 방황을 끝내자 스승이 합죽선 만드는 '진짜 기술'을 가르쳐주었다고 한다. 결혼하고 자녀를 두자 형편은 더욱 곤궁해졌다. 아내가 부채 만드는 일은 그만두고 리어카장사라도 하자고 조를 때 마음이 가장 괴로웠다고 한다.

　가장家長으로 돈벌이도 되지 않는 일에 몰두하기를 예순 번이 넘는 겨울날을 보냈으니 가족들에게 늘 미안한 마음을 떨칠 수가 없었단다. 하지만 세계에서 가장 으뜸 되는 합죽선을 만들겠다는 그 일념은 아무도 꺾지 못했다. 줏대와 끈기, 그리고 강한 의지력이 없었다면 무형문화재 선자장 기능보유자로 부채의 제일인자가 될 수 있었을까.

　지난여름, 놀이터에서 민석이는 조종사가 되고 싶다고 큰 소리로 말했다. 멋진 조종사가 되어서 할머니와 할아버지, 아버지와 어머니, 그리고 친구들을 태우고 하늘을 날고 싶다고 씩씩하게 말했다. 그때 민석이의 까만 눈동자는 마치 조종사라도 된 양 반짝반짝 빛이 났다.

　민석이의 엄마는 많이 아프다. 수시로 큰 병원에 다녀야 한다. 민석이 아빠는 어쩐 일인지 집에 있는 것 같다. 아파트 마당에서 가끔 만나면 어깨가 축 처져있다. 올해 초등학교에 입학한 민석이의 눈은 참으로 맑다. 맑고 고운 아이의 꿈이 꼭 이루어졌으면 좋겠다. 세찬 바람에 다소 흔들릴지라도 꺾이지 않는 민석이가 되기를. 훌륭한 조종사가 되어 당당한 사회인으로 우뚝 서기를. 소주방 앞 하수구 틈에서 피어난 민들레꽃보다 훨씬 더 큰 꽃으로 피어나기를….

오른쪽과 왼쪽

길들이기
흔적
차설車說
묵 이야기
오른쪽과 왼쪽
여유
도장
손
어떤 운전자

길들이기

1.
 이른 아침 조간신문을 들이면서 보았다. 아뿔싸! 새끼 다섯 마리가 있어야 하는 곳이 조용했다. 통을 두드리고 굴리고 뚜껑을 열어 나뭇젓가락으로 구석구석 뒤졌으나 한 녀석도 보이지 않았다. 통이 텅 비어있었다. 요 녀석들이 언제 어떻게 어디로 갔단 말인가. 통을 찬찬히 살펴보았더니 잘잘한 틈이 있는 뚜껑을 갉아낸 구멍이 있었다. 요 작은 구멍을 만들어 탈출을 했다니, 온몸에서 진땀이 배어났다. 이를 어쩌나, 밤새도록 요 녀석들이 구멍을 만들어 탈출을 감행하다니.
 탈출한 녀석들은 딸아이가 유럽으로 한 달 남짓 여행을 떠나면서 나에게 맡긴 삼월이의 가족들이다. 삼월이는 삼월 구일부터 함께 살기 시작했다고 딸아이가 이름 지은 햄스터 두 마리 가운데 암컷의 이름이다. 지난 유월 삼월이는 새끼 다섯 마리를 낳아 일곱 마리의 가족을 이루었다.

  딸아이는 새끼 다섯 마리를 정성껏 보살폈다. 행여 누군가 들여다볼세라 '절대 접근금지'라는 빨간색 글씨를 쓴 박스 속에 새끼와 어미가 있는 통을 넣어두고 사람의 접근을 막았다. 조심스레 열어 먹이와 물을 넣어주며 딸아이는 사랑을 베풀었다. 이제 딸아이가 보살필 수 없으니 내가 그 일을 해야 한다. 걱정이 앞섰다.

  핏덩이 같던 새끼들은 어미젖을 먹고 꼼지락거리더니 눈을 뜨고, 털이 보송보송 나기 시작했다. 노란색, 검은색, 회색, 진한 회색 줄이 선명한 흰색, 다람쥐처럼 갈색과 흰색의 줄무늬가 있는 녀석 등 모두 각기 다른 색깔을 가진 다섯 마리다. 딸아이는 이 녀석들이 좋아하는 먹이며 지은 이름까지 나에게 상세하게 이야기를 했지만 나는 그놈이 그놈 같았다. 다만 내가 이 녀석들을 어떻게 기를까 걱정이 앞서 한숨만 나왔다.

  딸아이는 유럽으로 떠나고 나는 일곱 마리의 햄스터 가족을 데리고 집으로 왔다. 물과 해바라기씨앗을 먹이로 주고 하룻밤을 지냈다. 어미 삼월이는 새끼들을 잘 길렀다. 젖을 먹이고 품에 안기도 하고, 귀찮도록 장난을 쳐도 모두 받아주었다. 새끼들은 점점 귀여운 모습으로 건강하게 자랐지만 어미는 좁은 집 속에서 점점 야위어갔다. 어미를 위해 새끼들을 옮겨야 했다.

큰 집이 필요했다. 커다란 플라스틱 통에, 호일이 감겨 있던 두꺼운 종이관과 야자수열매 껍질을 담은 새집을 만들었다. 혹시라도 기어 올라와 밖으로 나올 수도 있으니 뚜껑도 있어야 했다. 뚜껑은 구멍이 빼곡한 플라스틱 소쿠리를 이용해 빈틈이 없도록 단단한 판을 덧대어 덮었다. 완성된 통으로 새끼들을 옮기고 물과 먹이를 준 후, 뚜껑 위에는 무거운 책을 한 권 얹어 눌러두었다.

2.

다음 날 새벽, 나는 소매물도로 여행을 떠났다. 하루 동안 먹을 먹이를 충분히 넣어주고 여행을 다녀왔다. 밤늦은 시간, 집으로 돌아와 가장 먼저 살핀 것은 삼월이의 가족들이었다. 모두 무사히 잘 있었다. 종이관 속을 들락날락하고, 지붕으로 덮어둔 소쿠리에 매달려 거꾸로 다니기도 하며, 뛰고 구르고 달리느라 야단이었다. 먹이도 조금 남아 있었다. 참외 껍질을 넣어 준 후, 밤을 보내고 아침을 맞이했는데, 그 사이에 새끼 다섯 마리가 탈출을 한 것이다.

어디에 숨었을까. 전선을 갉으면 어떡하나, 안방으로 들어오면 어쩌지. 어쩌면 벌써 안방에 들어왔을 수도 있겠다, 더운 날이라 방문을 열어두고 잠을 잤으니 안방으로 들어왔을 수도 있지 않은가. 휴~~!!

정신을 가다듬었다. 우선 다시는 탈출을 하지 못하도록 통을 단단하게 손질했다. 철판이나 유리판 같은 것이 있으면 좋으련만 그런 것은 지금 집에 없다. 플라스틱으로 된 벽면을 널찍한 테이프로 안과 밖을 각각 세 겹씩 덧붙여 틈이 없도록 했다. 작은 틈이라도 있으면 갉기가 용이하지만 그렇지 않으면 갉기가 힘들기 때문이다. 집수리를 한 후, 먹이로 탈출한 녀석들을 유인하기 시작했다.

이들을 유인하는 일은 쉽다. 단맛이 진한 참외와 사과조각 등을 이용하면 된다. 안방·거실·작은방·주방… 곳곳에 유인용 먹이를 마련해 두었다. 언뜻 뒤 발코니 쪽에 한 마리가 지나가는 것이 살짝 보였다. 쥐는 쥐인가 보다. 밝은 앞 발코니에 가지 않고 주방이 가까운 곳에 있으니 말이다. 단단하게 손질한 통을 옆에다 두고 뒤 발코니에서 먹이에 접근해 오기를 기다렸다.

간밤에 탈출을 했다면 배가 고플 때도 되었으리라. 요 녀석들이 먹을 만한 먹이는 어느 곳에서도 없었을 테니까. 아홉시쯤 되어서 한 마리를 성공적으로 잡았다. 나는 동물 기르는 것도 싫어하지만 잘 만지지도 못한다. 널따란 쟁반에 먹이를 마련해 두고 녀석들이 오면 소쿠리로 순식간에 덮어서 가둔다. 그런 다음 입구가 넓고 깊이가 적당하게 있는 길쭉한 유리병 속에 참외 씨앗과 속살이 있는 부분을 담아 녀석들이 들어가도록 유인한다. 병 속에 뒷다리가 완전히 들어가는 순간 병을 반듯하게 세우면 녀석은 독 안에 든 쥐가 된다. 병 속에 든 햄스터를 다시 손질한 통 속으로 쏟아내는 방법이었다.

새벽 여섯시쯤부터 탈출한 다섯 마리와 씨름을 했지만 오전 11시가 넘을 때까지 똑같은 방법으로 겨우 세 마리밖에 찾지를 못했다. 탈출했다 돌아온 세 마리가 밉지 않았다. 땀을 흘리며 이른 아침부터 나를 외출도 하지 못하고 집 안에만 있게 한 녀석들이 나에게 야릇한 성취감을 맛보게 해주었다. 이들에게 물과 해바라기씨와 땅콩 따위의 먹이를 넉넉히 주고, 이를 갉으면서 놀 수 있도록 살구씨와 나무젓가락, 야자수열매의 단단한 껍질도 넣어주었다.

검은색 한 마리와 다람쥐처럼 줄무늬가 선명한 녀석은 아직도 행방불명이다. 하지만 유인하기를 철수했다. 혹시 선반을 타고 높은 곳으로 올라가서 깊숙한 곳에 빠져서 나오지 못하는 것은 아닐까. 나 몰래 먹이만 먹고 꼭꼭 숨어 있다면 장기전이 될 가능성도 있기 때문이었다.

  저녁 일곱시쯤 되었다. 재활용할 신문지를 묶으려고 끈이 들어 있는 비닐봉지를 거실로 가져왔다. 그 속에 바스락거리는 소리가 들렸다. 비닐봉지를 뒤적거리자 검은색 한 마리가 쏜살같이 달려 나왔다. 깜짝 놀랐다. 온몸에 소름이 오싹 돋았다. 녀석이 달려간 방향에서 눈을 뗄 수가 없었다. 또다시 요 녀석을 유인하기 시작했다. 앞서 세 마리에게 적용한 것과 마찬가지 방법으로 유인했다. 배가 많이 고팠던지 요 녀석은 금세 먹이로 달려왔다. 참외 속살을 정신없이 갉아먹기 시작하는 순간 포획했다. 네 마리가 재회를 했다. 다시 먹이를 철수했다.

  3.
  밤 열시가 다 되었다. 주위가 조용한데 한 곳에서 뭔가 갉는 소리가 들렸다. 보일러가 있는 근처에서 나는 소리였다. 주변에 있는 물건들을 모두 들어내고 손전등을 비추어 구석구석을 살폈다. 다람쥐처럼 등에 줄무늬가 있는 녀석, 딸아이가 제일 귀엽다고 하던 녀석이 구석에서 웅크리고 있었다. 얼마나 배가 고프고 목이 말랐을까. 작은 몸이 더 작아진 것 같았다.

 좋아하는 먹이를 베란다 가운데에 차려두고 바닥에 있는 장애물을 모두 치우고 먹이를 향해 달려오도록 길을 활짝 열어두었다. 그런데, 요 녀석은 나올 듯 나올 듯 생각이 많은 듯했다. 까만 눈동자를 더욱더 반짝이며 눈치만 살피고 나오지를 않았다. 야행성동물이라 전깃불을 끄고 어둡게 해두고도 기다려보고, 불을 환하게 켜두고도 기다려보고, 사람이 아닌 척 꼼짝하지 않고 앉아만 있으면서 기다려보아도 구석에서 살짝살짝 고개만 내밀 뿐 나오지를 않았다. 이러고 기다리기를 두 시간이 훌쩍 지났다.

 '정의正義'를 생각했다. 내가 이러고 있는 일이 과연 정의로운 일인가. 햄스터를 가두어 두려는 것이 옳은 일인가. 사람의 잣대에 맞추어 가두고 감금시키고 억압하고 사육하는 것은 아닌가. 이 녀석은 지금 자유를 갈망하고 있지 않은가. 자유를 찾아 스스로 힘든 일을 극복하고 길을 창조하여 뚫고 나가 이 녀석들이 맛본 자유, 그 자유를 포기할 수 없다는 반항은 아닌가.

딸아이는 한국을 떠나 영국·프랑스·스페인·스위스 등지로 여행하는 중이고, 나는 소매물도로 여행 다녀오는 즐거움과 자유를 누리면서 녀석들을 가두어 두려고 하지 않았나. 하지만 이들은 주택이 아닌 아파트 안에서 먹이를 구할 능력이 없다. 먹이 또한 흔하게 흩어져 있지 않다. 굶주림을 견디지 못해 아사餓死할지도 모른다. 그런 암담하고 삭막한 현실을 뻔히 알면서 안전한 곳에서 살도록 하지 않는다면 이 또한 정의롭지 못할 것이다.

 이런저런 생각을 하고 있는데 녀석은 까만 눈동자만 반짝이며 나를 놀리는 것만 같다. 시계는 벌써 새벽 한시를 가리킨다. 애타게 녀석을 향해 최면을 걸었다.

 '그렇게 눈치만 살피고 먹이를 먹지 않으면 배가 고파 목숨을 잃을 수도 있어. 자유도 필요하지만 목숨은 더 소중해, 목숨은 세상에서 오직 하나뿐인 거야. 나는 너를 안전하게 살 수 있도록 도와주려고 너를 기다리고 있는 거야. 어서 와, 어서 와서 맛있는 참외랑 호박씨, 해바라기씨도 먹고 물도 먹어. 네 어미와 형제자매들이 널 부르고 있잖아. 두려워 말고 어서 와. 어서 달려와~.'

 최면이 효과가 있었는지 참을 수 없는 굶주림 때문이었는지 먹이가 있는 곳으로 살금살금 기어 나오기 시작했다. 주위를 빙글빙글 맴돌더니 씨앗이 붙어 있는 달콤한 참외속살에 입을 대더니 정신없이 먹기 시작했다. 소쿠리를 들어 순식간에 덮어 가두었다. 먹이가 담긴 목이 긴 유리병으로 유인하여 드디어 다섯 마리가 재회했다.

  새벽 3시가 훌쩍 넘었다. 자유를 찾은 삼월이 새끼들의 탈출 소동은 막을 내렸다. 이들이 나에게 무엇을 얻으려고 이런 소동을 벌인 것일까. 내가 처음부터 이 녀석들이 우리 집에 오는 것을 달갑게 여기지 않은 것을 알아차리고 나를 길들이려고 했던 행동은 아닐까. 나는 지금 삼월이 새끼들에게 길들여지고 있는 중인가 보다.

흔적

 눈이 내렸다. 포항에서 펑펑 쏟아지는 눈은 보기 드물다. 설날을 앞두고 탐스럽게 내린 눈은 온 세상을 눈부시게 만들었다. 히말라야시다 위에도 이팝나무 위에도, 지붕 위에도 자동차 위에도 길 위에도 온통 하얀 눈의 나라가 되었다.
 지난가을에는 참나무 잎이 곱게 단풍 들어 하늘이 빚어낸 만다라 같다는 생각을 했는데, 오늘은 하얀 눈으로 그린 새로운 만다라를 보는 듯하다. 세상이 고요하다. 눈 속에 갇힌 고요. 고요의 함성이 부풀어 터질 것만 같다.
 휴대전화가 고요를 깨뜨렸다. '주민들은 지금 즉시 마을 골목길에 제설작업을 해주시기 바랍니다.' 중복으로 날아오는 문자메시지가 나를 현실로 돌아오게 했다. 그렇다. 내일이 설날이다. 고향을 찾아오는 사람들을 위해 눈을 치워 자동차가 다닐 수 있는 길을 내어야 한다.

　주민들과 함께 아파트 주차장과 그에 인접한 도로까지 눈을 치워야 한다. 그런데 눈을 치울 만한 도구가 없다. 삽이 있으면 좋으련만 아파트 생활을 하면서 그런 도구를 갖춘 집이 몇이나 될까. 집에서 눈을 치우는 데 쓰일 만한 것을 찾다가 쓰레받기를 들고 나갔다. 쓰레받기로 보송보송하게 쌓인 눈을 담아 꽃밭과 담 아래로 밀었다. 혼자서 하는 노동의 즐거움을 만끽하며 현관에서 아파트 입구로 사람이 걸어 다닐 수 있는 좁다란 길을 내었다. 도로에도 눈을 치우고 길을 내었지만 금세 내린 눈은 그 길을 또 하얗게 덮었다.

　오후가 되자 자동차가 간간이 다니기 시작했다. 또 문자메시지가 울렸다. '봉사단체 임원들은 문화센터로 나와서 제설작업에 동참해 주십시오.'라고. 중복문자가 연이어 왔지만 설날 음식을 준비해야 되어서 나는 시댁으로 갔다.

　시댁에 갔더니 대문 앞에 눈이 쌓여 자동차가 들어갈 수 없었다. 먼저 주차할 수 있는 공간을 마련하기 위해 대문 밖에 있는 눈을 치웠다. 눈덩이를 만들어 굴려서 커다란 눈사람을 만들어 금강역사처럼 대문 앞에 세워 두고, 삽으로 말끔하게 길을 내었다. 삼십 센티미터 정도 쌓인 눈을 치우면서 모처럼 땀 흘리는 보람을 느꼈다.

펑펑 내리던 눈이 가늘게 흩날리더니 멈추었다. 바닷가로 나갔다. 하얀 눈이 쌓인 바닷가는 정말이지 환상적이었다. 이런 풍광을 어디에서 또 만날 수 있으랴. 아, 아름다움과 거룩함, 그리고 신비로움에 숨이 멎을 것 같았다. 하얀 눈 위에 포르스름하게 찍힌 새 발자국, 하얀 도화지 위에 끝없이 이어진 그 흔적에 나는 그만 나를 잃어버릴 뻔했다. 한참 동안 눈 위에 남긴 그 흔적을 넋 없이 바라보았다. 어쩜 이리도 아름다울까.

내가 걸어온 길을 돌아보았다. 내 발자국은 너무도 크게 쿡쿡 찍혀있었다. 보일 듯 말 듯한 연보랏빛 새의 발자국과 굵고 움푹하게 팬 사람의 발자국이 무척 대비되었다. 새가 남긴 흔적이 부드러운 바람과 향기를 머금은 아름다움이라면 사람의 발자국은 돈이나 권력들로 짙게 새겨진 문신 같다고 할까. 문득 어느 성인聖人이 '내가 남긴 발자국은 훗날 다른 사람의 길잡이가 된다.'고 한 말이 떠올랐다.

踏雪野中去답설야중거 눈 덮인 들판을 걸어갈 때
　　不須胡亂行불수호란행 발걸음 하나도 어지러이 마라
　　今日我行跡금일아행적 오늘 내가 걸어가는 발자취는
　　遂作後人程수작후인정 뒷사람의 이정표가 될 것이니

 내가 남긴 발자국은 어떤 모습일까. 집으로 돌아오면서 눈 위로 지나간 자동차의 바퀴자국을 보았다. 사람이 남긴 발자국보다 훨씬 더 흉했다. 거대한 괴물이 남긴 흔적 같았다. 자동차가 뿌린 염화칼슘과 모래로 하얗던 길은 진흙탕 길처럼 되었다. 눈이 녹으면 더 심하게 지저분해질 것이다. 염분과 모래는 먼지가 되어 회색거리를 떠돌 것이다. 편리함과 이익만 앞세우는 현대인의 자화상 같다고 할까. 나는 오늘도 흔적을 남긴다. 과연 어떤 흔적을 남길 것인가.

차설 車說

　겨울바람이 매섭게 불던 날이었습니다. 먼지 앉은 저를 거울처럼 말끔하게 손질하고 종이 세 장으로 뒤통수를 가리던 날부터 이야기를 시작해야겠습니다. 두어 달 전까지만 해도 파도가 출렁이는 바닷가로 신나게 달릴 수 있어 참 좋았는데 어찌된 영문인지 꼼짝도 할 수 없었습니다. 꽁꽁 얼어붙을 것만 같아 무척 슬펐답니다. 그러던 차에 저의 중요한 감각기관을 누르기도 하고 돌리기도 하면서 꼼꼼하게 살피더니 몸단장을 시키는 당신이 조금은 의아했습니다. 솔직히 말하자면, 저를 이리저리 둘러보던 눈길에 불안과 설렘이 교차했습니다.
　다음날, 저를 집 밖으로 데리고 나가려고 했습니다. 순간, 긴장

했던 마음보다 길을 신나게 달리고 싶은 충동이 폭풍처럼 일어났습니다. 바람을 쐬며 갑갑함을 날려버릴 생각을 하자 가슴이 콩닥콩닥 뛰었습니다. 꼼짝 않고 서 있던 자리에서 움직이기 시작하면서 설레는 마음으로 왼쪽 눈을 힘껏 깜박거렸지요. 대문 밖으로 얼굴을 살며시 내밀어 왼쪽으로 쭈-욱 고개를 내미는 순간, 왼쪽 옆구리에서 찢어지는 소리가 천둥 같았지요. 정말 찰나에 벌어진 일이라 꿈만 같았습니다. 허연 속살이 다 드러났는데도 당신은 치료는커녕 한번 휙 둘러보고는 한바탕 웃어젖히더니 그대로 밖으로 저를 끌고 가더군요. 두려움과 공포로 아픔도 느껴지지 않았답니다. 그길로 두 시간 정도 비릿한 바다냄새가 물씬 풍기는 곳에서 똑같은 일만 계속하다가 집으로 돌아왔지요.

  밤이 되어 곰곰이 생각했어요. 오늘의 일이 전혀 믿어지지 않았습니다. 내 이름은 그레이스, 품위 있고 고상하며 우아하고 세련된 의미를 가진 이름이지요. 태어나서 처음 겪는 아픔이었습니다. 밤새 칼바람을 타고 온 잘잘한 모래들이 상처에 달라붙어 따끔거리고 쓰라릴 때는 견딜 수가 없었습니다. 사흘이나 지나고 나서야 병원으로 가서 치료를 받게 해 주더군요. 병원에서 신문지로 상처 주위를 빙 둘러 막아놓고 그 뜨거운 불로 소독을 할 때는 정말이지 몸이 녹아 죽을 것만 같았습니다. 그날 이후로는 낯설고 인적도 드문 곳에다 나를 홀로 두고 다니더군요. 저를 위로해 주던 동무들이 있는 따스한 집으로 가고 싶어 미칠 것 같았습니다. 당신의 야속함에 치가 떨릴 지경이었습니다. 그런 내 마음은 아랑곳하지 않고 해풍이 부는 곳으로 며칠 동안 또 끌고 가서 같은 일을 진저리가 나도록 하고 돌아오곤 했지요.

며칠이 지나자 저를 바라보는 눈길도 따스해졌고, 손짓도 부드러워졌음을 느꼈습니다. 저도 숨이 막힐 것만 같던 짜증이 조금씩 풀리기 시작했습니다. 마침내 입원을 하고 수술을 받게 해주었습니다. 숨이 차서 오르막을 제대로 오를 수가 없었는데 이제는 가볍게 언덕을 넘을 수도 있게 되었습니다. 고맙습니다. 이제 고통 없이 주인님과 함께 다닐 수 있어 기쁩니다. 주인님을 모시고 살살이꽃 피는 들길로, 낙조가 아름다운 바다로, 때로는 번잡한 도시로 신나게 달리겠습니다.

그날 너를 데리고 나간 것이 화근이었네. 네 뒤통수에다 붙인 이름 석 자 '왕초보' 종이 한 장에다 한 글자씩, 세 장을 떨어지지 않게 단단히 고정을 시키고 너를 집 밖으로 끌고 나갔지. 너로 인해 무슨 영화를 누리려고 '왕' 자를 붙였는지 지금 생각해도 그 연유가 아리송하구나. 어떤 이는 '초보운전의 왕'으로 대접했을 것이요, 또 다른 이들은 눈총을 쏘기도 했으리라.

그래. 그 첫날 얼마나 쓰렸겠느냐. 내가 네 옆구리를 보고 웃은 것은 사실이지만 놀리거나 업신여기려는 뜻은 추호도 없었느니라. 마음을 푸시게. 무릇 사람이란 갑작스런 일을 당했을 때 웃는 사람도 있고 우는 사람도 있느니라. 행여 내가 울었더라면 네 마음은 기뻤겠느냐. 너를 집으로 데리고 오지 않고 그곳에 두 달 정도 기거하게 한 것도 네가 미워서가 아니라 또 너를 아프게 하고 너에게 고통을 줄까 저어되어 그랬느니라. 섭섭해하지는 말거라. 너는 나에게 많은 가르침을 주었느니라.

참으로 너의 인내심은 본받을 만하더구나. 허연 뼈가 보이는 상처를 마취도 없이 치료받던 날을 생생하게 기억하네. 고통의 순간, 소리를 질렀다면 아마도 작은 도시 하나쯤은 진동을 했으리라. 똑같은 일을 반복하게 할 때도 말없이 본분을 다하는 모습도 장하지만 네 발 하나하나를 책임지겠다며 찾아온 네 명이나 되는 건장한 남자들이 네 몸을 두드리고 뒤통수를 힘껏 쳐도 견디어내더구나. 그뿐이냐. 언덕을 오를 때 숨이 차서 헉헉거리고 눈이 모두 빨갛게 충혈이 되어도, 마침내 몸을 태워 신호를 보내도 그 까닭을 몰랐던 내가 얼마나 답답했겠느냐만 참고 견디었으니 장하기가 그지없구나.

　미안하네. 너를 집으로 데리고 온 지 나흘째 되는 날, 네 오른쪽 이마와 눈에 상처를 또 입히고 말았지. 너의 인내가 한계에 다다를 만도 했을 게다. 너의 이름을 네 글자로 바꾸어 달던 날이었지. 네 몸속으로 들어가서 '왕' 자를 떼고, 네 글자 '초보운전'으로 이름표를 바꾸어 달고 나오려는데 나를 그만 가두고 말더구나. 나는 꼼짝없이 갇히고 말았지. 오십 분 정도 너는 나를 감금해놓고 많은 생각을 하게 했네. 땀을 뻘뻘 흘리며 탈출에 관한 숱한 고민을 하다가 지나가는 아이의 도움으로 구출되었지만 너의 새로운 면을 발견했느니라.

　오늘은 생각할수록 네가 대견하고 듬직하여 사람들에게 자랑을 하지 않을 수가 없구나. 꼭 참석해야 할 모임이 있어서 너와 함께 가는 길이었지. 산불이 발생하여 긴급출동 하라는 연락을 받았지 않았느냐. 점심도 먹지 못하고 너를 데리고 현장으로 달렸지. 네가 없었더라면 한 시간도 훨씬 더 걸릴 거리를 삼십 분도 채 안 되어 도착할 수 있었으니 너의 대단한 능력을 어찌 고맙고 기특하게 여기지 않을 수 있겠느냐. 고백하건대 이제 너를 사랑할 수밖에 딴 생각을 가질 수가 없게 되었느니라. 내가 너를 취한 것이 잘못된 선택은 정녕 아니었던 게로구나. 내일은 배꽃들이 솜털 같은 이야기를 나누고 있는 더 넓고 아름다운 곳으로 소풍을 가자꾸나. 너와 나 둘이서.

묵 이야기

 산행을 마치고 일행과 함께 묵을 먹었다. 땀 흘리고 출출했던 일행들은 순식간에 묵 접시를 비웠다. 갖은 채소와 양념장과 함께 곁들어진 묵무침은 다이어트 음식이라며 부지런히 젓가락이 오고 가더니 금세 사라졌다. 수북하게 담긴 두 번째 접시를 들고 온 식당 아주머니도 기분이 좋아 보였다. 다이어트에 도움 된다는 말에 나도 질세라 젓가락질을 했다. 내 몸속에 있는 군더더기 물질들은 녹이고 잠자고 있던 세포들은 깨워달라고 주문하면서 곡예라도 하듯 아슬아슬하게 한 점을 입속으로 넣었다.
 사람들이 묵을 예찬하기 시작했다. 잘 우려낸 멸치국물에 말아 먹는 묵국수가 속풀이에 좋다느니 묵 튀김이 담백하다느니 뭐니 뭐니 해도 채소와 참기름을 듬뿍 넣은 묵무침이 최고라고 목소리를 높인다. 닭 육수에다가 채 썬 묵과 고슬고슬하게 지은 밥을 함께 얹어먹는 묵밥은 긴긴밤 출출할 때 먹으면 제격이란다. 은행가루와 묵가루를 섞어서 만든 은행묵은 아이들 감기를 낫게 하는 명약이란다. 이래저래 몸에 좋다는 묵을 실컷 먹지 못해 아쉬워하는 눈치였다.

어머님께서 주신 묵가루가 생각났다. 이런저런 핑계로 냉동실에 보관만 해두었는데, 집에서 묵을 만들어 보리라 생각하고 기념품 가게에서 긴 나무주걱도 하나 마련했다. 묵 만들 생각을 하니 어릴 적 외할머니께서 들려주시던 옛날이야기가 떠올랐다.

옛날, 아주 옛날에 한 할머니가 산 넘어 아들네 집으로 가다가 범을 만났단다.
"할멈, 할멈 머리에 이고 가는 게 뭐고?"
"아들네 집에 갖다 줄 묵이지."
"묵 한 덩어리 주면 안 잡아먹지."
한 덩어리를 주고 바삐 걷고 있는데, 또 나타나서
"묵 한 덩어리 더 주면 안 잡아먹지."

할머니는 범에게 잡아먹히지 않으려고 묵을 한 덩어리씩 한 덩어리씩 다 주고는 팔을 크게 흔들며 산길을 빨리빨리 걸어오는데, 어느새 또 앞에 나타나서

"할멈 그 옆에 흔들흔들하는 게 뭐고?"

"……"

끝내 할머니는 범에게 잡아먹히고 말았단다. 할머니를 잡아먹은 범은…

짧은 여름밤 외할머니의 옛날이야기에 내 가슴은 얼마나 콩당콩당 뛰었는지 모른다. 감나무 옆 두엄더미 어둑한 곳에서 무엇인가 튀어 나올 것만 같은 으스스한 무서움에 할머니 치맛자락만 꼭 붙잡았던 기억이 오래된 서랍에서 꼼지락거렸다.

늦은 저녁 검정비닐 속에 묶여 잠자고 있던 희뿌연 가루를 조심스레 한 대접 폈다. 선사시대 사람들의 중요한 양식이었으며, 육식을 주로 하던 강자들의 후식이었다는 도토리, 그 가루로 묵을 쑨다. 어머님께서 일러 주신 대로 가루 한 대접에 물 일곱 대접을 냄비에 담았다. 물을 너무 많이 부은 게 아닐까 걱정하면서 냄비를 가스레인지 위에 올리고 약한 불을 켜고 부지런히 주걱으로 저

으며 끓였다. 시간이 점점 흐르자 잘 익은 도토리 빛깔로 되직하게 아주 알맞게 어우러지면서 엉기기 시작했다.

잠시 후, 여기저기에서 푸덕푸덕 뜨거운 김을 뿜어냈다. 크고 작은 화산이 한꺼번에 분출하는 것 같았다. 한참을 더 저으면서 끓이다가 불을 끄고, 큼직한 그릇에다 뜨거운 묵을 쏟아붓고 묵이 잠길 정도로 찬물을 끼얹었다. 이렇게 하면 묵의 윗부분이 말라서 두꺼운 껍질도 생기지 않고, 도토리의 떫은맛도 없애준다고 했다. 큰 그릇에 담은 묵을 시원한 곳에다 내어두고 완전히 식어서 굳어질 때까지 가만히 기다려야 된다. 뜨거울 때 만지면 부서져서 모양이 망가지기 때문이다. 푸푸 토해내던 열기를 서늘하게 식히고 나니 말쑥한 묵이 되었다.

잘 만들어진 묵을 보니 신혼 시절의 나를 보는 것 같다. 남편과 시댁식구들의 생활상과 습성을 몰라서 잘 어울리지 못했다. 사람들은 외톨이처럼 지내는 나를 나무라지 않고 가만히 기다려주었다. 두 아이의 어미가 되면서 내가 살아온 것과 다른 시댁의 문화를 알게 되고 차츰 익숙해지면서 어울릴 수 있었던 것처럼.

하룻밤을 찬물로 진정시킨 묵을 투병생활을 하시는 이모님께 가지고 갔다. 알맞은 크기로 썰어서 갖은 양념과 야채를 곁들여서

상에 먹음직스럽게 올렸다. 고소한 참기름향이 입맛을 돋우었다. 내가 손수 만든 묵이라 모양도 맛도 특별한 것 같았다.

가루와 물이 처음 만났을 때는 어우러지지 못하더니 뜨거운 불 위에서 고통을 이겨내고 그 열기를 식히고 나서야 비로소 매끈한 묵으로 변신했다. 사람살이도 그런 것 같다. 생각이 서로 달라 다투고 원수처럼 지내다가도 서로 화해하고 인정하고 기다리며 살다 보면 더 돈독한 사이가 되지 않겠는가.

묵이 가만히 이야기했다. 불같은 가슴과 얼음 같은 인내는 같은 마음이라고. 사랑과 미움이, 관심과 무관심이, 그리고 이승과 저승은 씨줄과 날줄 같다고. 산이 물을 품고, 물이 산을 안아 더 깊고 큰 산을 이루듯이 함께 어우러져 둥글게, 둥글게 살아가는 것이라고.

오른쪽과 왼쪽

　운전면허증을 갱신하러 갔다. 먼저 시력검사를 했다. 끝이 넓적한 스푼처럼 생긴 눈가리개로 오른쪽 눈을 가리고 왼쪽 눈으로 시력 측정판을 보았다. 검사관이 가리키는 숫자나 그림이 두 겹 세 겹으로 일렁거리더니 어느 순간 분간을 할 수가 없었다. 답답함과 당황스러움이 한꺼번에 몰려와 얼른 눈을 가렸던 가리개를 떼고 측정판을 보니 선명하게 보였다. 나의 행동을 본 흰 가운을 입은 검사관은 '그렇게 하면 불합격 처리합니다.'라고 기계처럼 말했다. 겁이 덜컥 났다. 불합격이 되면 어떻게 해야 하는지 전혀 생각하지 않았기에 겁이 났던 것이다.
　다시 검사관의 지시대로 왼쪽 눈, 오른쪽 눈을 각각 가리고 유치원 아이처럼 또박또박 보이는 대로 대답을 했다. 결과는 오른쪽 눈은 0.8, 왼쪽 눈은 0.5란다. 오른쪽 눈에 의지해서 운전을 하고 있는 셈이니 매우 위험하다는 말과 함께 양쪽 눈이 시력 차이가 많으므로 안과에 가서 정밀검사를 받은 후에 반드시 안경을 쓰고 운전을 해야 한다고 덧붙였다. 꼭 그렇게 하겠다는 나의 대답을 듣고서야 합격 도장을 찍어주었다.

내 눈이 언제 어느 사이에 이렇게 나빠졌을까. 새벽에 신문을 읽거나 밤을 새워 책을 읽어도 아무런 불편이 없는데 말이다. 생각해 보니 몇 해 전 어느 날 밤에 운전을 하는데 무척 불편함을 느낀 적이 있다. 가로등이 있는 시내에서는 무난하게 운전을 했지만 가로등이 없는 외곽도로에서는 속도를 많이 늦추어야만 했다. 그때부터 시력이 감소되었던 것 같기도 하다. 그 후로는 가능한 밤에 운전을 하지 않으려고 한다.

어머니도 최근에 눈이 침침하다고 했다. 유난히도 무더운 여름에 친정어머니는 백내장 수술을 하셨다. 어머니는 의사선생님께 양쪽 눈을 한꺼번에 수술을 했으면 좋겠다고 하자 의사선생님은 '하이고, 할머니, 욕심도 많으시네요. 수술도 사람이 하는 일인데, 만분의 일이라도 잘못될 수 있다고 생각해 보세요. 의사의 실수는 만분의 일의 잘못으로 여길 수 있지만 환자는 백퍼센트 실패인 거예요. 완전 실명이 될 수도 있다는 말입니다. 그렇기 때문에 한쪽 눈을 먼저 하고 이 주나 삼 주 후에 다시 한쪽 눈을 해야 안전한 거예요.' 하셨다. 완전 실명이 될 수도 있다고. 어머니는 수술에 필요한 검사를 한 후 예정된 날짜에 왼쪽 눈을 먼저 수술했다. 안대로 왼쪽 눈을 가리고 오른쪽 눈에 의지하여 생활했다. 이후에는 오른쪽 눈을 가리고 왼쪽 눈의 힘으로 산과 바다, 나무와 꽃도 볼 수 있었다.

시각장애인 체험을 한 적이 있다. 안대로 눈을 가리자 캄캄했다. 실로 절망적이었다. 흰 지팡이와 옆에서 도와주는 사람이 없었다면 정말이지 한 발자국도 움직이지 못하고 그 자리에서 풀썩 주저앉았을지도 모른다. 신호등을 인식하여 횡단보도를 건너고, 지나다니는 사람들을 피하고, 길거리에 설치되어 있는 구조물에 부딪히지 않고는 도저히 다닐 수 없을 것 같았다. 눈을 가렸던 안대를 벗으니 모든 사물이 새롭게 보였다. 특히 완전히 보이지 않는 시각장애인들은 아주 조금, 희미하게라도 볼 수만 있다면 얼마나 좋을까. 새삼 무엇이든 볼 수 있는 눈의 소중함과 시각장애인들의 불편함을 깊이 깨달았다.

시어머님의 한쪽 귀는 소리가 잘 들리지 않는다. 수년 전 목욕탕에서 귀에 물이 들어간 이후로 병원에 다니며 치료를 받으셨지만 고막에 이상이 생겨 전혀 듣지를 못하신다. 그러나 오른쪽 귀는 잘 들린다. 손녀들이 과자봉지 뜯는 소리, 부엌에서 된장 끓는 소리나 도마 두드리는 소리, 시계 초침 돌아가는 소리, 며느리들이 소곤거리는 소리까지도 듣는다. 하지만 오른쪽 귀를 베개에 대고 주무실 경우에는 전화기 울리는 소리도 들리지 않는다고 하신다. 보청기를 해드리려고 했더니 한쪽 귀가 잘 들리는데 뭐가 필요하냐고, 나이 구십에 보청기가 웬 말이냐고. 한쪽 귀만으로도 세상 돌아가는 것 다 보고 듣고 사니 걱정하지 마라고 하신다. 왼쪽 귀가 힘을 잃자 오른쪽 귀가 그 힘을 대신하니 이 또한 오른쪽과 왼쪽이 서로 돕는 일이 아닌가.

한쪽 발목을 삐었을 때나 한쪽 코가 막혔을 때도 다른 한쪽이 있어 움직일 수 있고 숨 쉴 수 있으니 우리 몸은 참으로 신비롭게 만들어진 구조이다. 두 눈은 물론이요, 두 귀, 두 손, 두 발, 두 개의 콧구멍까지. 하나가 아니고 둘인 것은 서로 기대고 살아야 함을 가르친다.

사람살이도 마찬가지이다. 나와 다른 사람이 있기에 세상은 아름답다. 남성과 여성, 어린아이와 어른, 동양과 서양, 지배자와 피지배자 등 이분법으로 나누어 서로가 이익을 취하려고만 한다면 어떤 세상이 될까. 모두가 자기주장만 내세우고 서로 양보하고 화합하지 않는다면 무슨 소용 있으랴. 왼쪽 눈이 오른쪽 눈에 의지하고, 오른쪽 눈이 조금 부족한 왼쪽 눈을 보듬어 안전하게 운전을 하는 것처럼 세상이 모두 그랬으면 좋겠다.

여유

아프다. 내 발이 주인을 잘못 만난 탓에 고통을 당하고 있다. 지난번에는 약간 여유 있는 신발을 샀다. 그랬더니 신발이 자주 벗겨져서 바닥에 깔창을 깔고 신었지만 걸음을 걸을 때마다 불편해서 발에 딱 맞는 다른 사람에게 주고 말았다. 이번에는 발에 딱 맞는 신발을 샀다. 신어보니 발이 살짝 조이는 듯했으나 '가죽은 신을수록 늘어난다.'는 점원의 말을 믿고 샀다.

새신을 신고 경주박물관에 전시유물 해설을 하러 갔다. 오후에 관광객들 앞에서 해설을 하고 있는데 발이 불편해 오기 시작했다. 내 일거수일투족을 쳐다보고 있는 관람객들 앞에서 신발을 벗을 수도 없고, 더구나 뒤축을 접어서 신을 수도 없는 상황이었다. 발

뒤축이 따끔거렸지만 미소를 머금으며 임무에 충실했다. 잠시 쉬는 시간에 발을 살펴보니 뒤꿈치에 벌건 물집이 커다랗게 생겨 있었다. 신발이 여유 없이 발에 너무 꼭 맞았기 때문이었다.

여유 없이 살다가 고생을 한 경험은 또 있다. 나이가 들어서 방송통신대학교 중어중문학과에 편입했다. 중국어의 기본은 조금 익혔고, 한자는 1급 자격증을 가지고 있기에, 처음 학과공부를 할 때는 부담이 별로 없었다. 장학금도 받았다. 신이 났다. 하지만 학년이 올라갈수록 해야 할 공부가 산더미 같았다. 중국의 역사와 철학·문화·문법·회화·번역, 그리고 고전문학 등 익혀야 할 과목이 넘쳐났다. 직장 다니랴, 살림하랴, 집안 대소사 챙기랴, 각종 모임에 참석하랴 공부할 시간이 턱없이 모자랐다.

하필이면 출석수업과 시험은 주말에 있었다. 집안 대소사와 다른 중요한 일이 시험일과 겹쳐지지 않을까 조마조마했다. 시험을 한 번이라도 치르지 못하면 과락이 생겨서 졸업할 날이 미루어진다. 목표대로 삼 년 만에 졸업을 하려면 시간을 쪼개고 쪼개어 공부를 해야 했다. 여유라고는 조금도 찾기가 어려웠다. 어떤 때는 공부하느라 밤을 꼬박 새운 적도 있다. 그런 날들이 누적되자 피로와 심한 스트레스로 인해 원형탈모까지 왔다. 다음 해에는 대상

포진으로 고생도 했다.

  남편마저도 나를 이해할 수 없는 사람이라고 했다. 한번은 내 앞에서 들으라는 듯이 아들을 향하여 '너는 공부하는 여자하고는 사귀지 말거라.'라고 큰소리를 질렀다. 공부에 중독되어 가족과 가정사를 등한시하는 나에 대한 남편의 노골적인 불만이었다.

  그런 세월도 잠시였다. 졸업을 했다. 곡예사가 줄을 타는 것 같았던 날짜와의 신경전에서 해방되었다. 그렇게 여유로울 수가 없었다. 눈만 뜨면 켰던 방송 강좌도 켜지 않았고, 길을 다니면서 이어폰으로 들었던 교육방송도 듣지 않고, 자동차를 운전할 때 들었던 교재용 CD도 켜지 않았다. 고요했다. 널어둔 빨래를 쓰다듬는 햇살도 보이고, 딸아이의 피아노 건반 위에 서성이는 달빛도 보였다. 길을 거닐며 참새처럼 재잘거리는 여뀌도 만나고 개구쟁이 같은 도꼬마리도 나를 바라보았다. 모두가 예쁘고 아름다웠다. 가을 들녘이 유난히 풍성하고, 하늘은 더욱 높고 푸르렀다. 여유가 있으니 참 좋았다.

  여유는 사람과 사람 사이에도 요구된다. 너무 가까이 지내면 상처가 될까 염려되고, 너무 멀리 지내면 잊어질까 애를 태운다. 적당한 거리를 두고 서로 예의를 지키면서 지내면 더 오랫동안 좋은 인연으로 남으리라. 한쪽에서 지나치게 적극적이면 한쪽에서는 한발 물러나서 관조해야 할 때도 있다. 하지만 관조가 너무 지나치면 서운해할 수도 있으니 슬기롭게 대처해야 한다. 그래서 적당한 여유가 필요한 것이다.

옷차림도 그렇다. 넥타이를 바싹 조여 맨 사람이나 매순간 한 치의 흐트러짐 없이 완벽한 사람을 만나면 냉기마저 감돈다. 다소 빈틈이 있어 부드러워 보이는 사람을 만나면 사람다운 멋이 느껴지고, 정을 나누고 싶은 마음이 생긴다.

몸을 구부려 발을 보살핀다. 상처가 발그스레하다. 새살이 돋으려면 더 기다려야 한다. 덜 아문 상처에 약을 바른다. 그러고 보니 지난번 약간 여유 있는 신을 신었을 때가 나았던 것 같다. 비록 바닥에 깔창을 깔고 신었지만 몸에 상처는 주지 않았다. 인생살이도 마찬가지 아닐까. 삶의 속도를 늦추고 마음의 여유를 갖게 되면 좀 더 행복해지지 않을까? 공간이든 시간이든, 물질이든 적당한 여유가 있어야 진정한 행복이 어떤 것인지 깨닫게 된다고. 아픈 발이 가만히 알려준다.

도장

 넉 달이 넘도록 미용실을 다녀오지 못했다. 내가 갈 수 있는 날에는 미용실이 문을 닫는 날이고, 원장이 쉬는 날에는 내가 시간이 나지 않았기 때문이다. 가을 어느 날부터 머리를 감으면서 머리카락이 여느 때보다 많이 빠지는 것 같았다. 가을이면 머리카락이 빠지는 경향이 있다고 하니 계절 탓이겠지, 아니면 머리카락이 길어졌으니 조금 빠져도 많이 빠진 것처럼 보이는 것이겠지, 라고 여겼다. 잠자리에서 일어났을 때 베갯잇에도 머리카락이 묻어 있었으나 별탈이 있을 거라고는 생각지도 못했다. 미용실에서 머리카락을 만지며 조심스레 '원형탈모가 있네요.' 했다. 원형탈모라고? 픽, 웃음이 나왔다. 신혼 초기에 원형탈모를 앓은 남편의 모습이 생각났기 때문이었다.

　남편은 짧은 머리카락에 서너 군데 원형탈모 현상이 두드러지게 보였으니 '영구' 같기도 하고 마치 군데군데 도열병을 앓는 논 같기도 했다. 원형탈모는 신경을 많이 쓰거나 스트레스를 많이 받아 과로하거나 몸에 면역력이 저하되어 허약해지면 나타나는 증세라고 한다. 심하면 병원에 다니며 치료를 받아야 한단다. 요리조리 유심히 살펴보더니 머리카락이 나고 있단다. 그동안 이미 빠질 만큼 빠졌다는 말이다. 정수리에서 왼쪽 약간 뒤쪽에 오백 원짜리 동전만 한 크기로 한 군데 있단다. 머리카락이 길었으니 다행이다. 만약 뻥 뚫린 부분이 사람들의 눈에 확연히 드러났다면 웃음거리가 되지 않았을까.

　그런데 신기하다. 언제부터 무슨 이유로 이렇게 되었을까. 심하게 스트레스를 받은 일도 없고 체력 또한 허약하지도 않은 편인데 말이다. 사람들은 몸과 정신이 분리되어 있다고 한다. 과학적이나 의학적인 면을 떠나서 내가 겪은 바로도 분리되어 있는 것 같기도 하다. 지난 학기 중에 밤을 꼬박 새우며 공부를 해도 다음 날에 아무런 지장이 없었다. 그런 날이 며칠 동안 이어진 적이 있다. 주위 사람들은 걱정을 했지만 나는 도리어 정신이 맑고 몸이 가벼워지는 것 같아 기분이 좋았다. 그때 탈이 난 것이 아닌가 싶다. 정신은 피로를 느끼지 못하는데 몸이 견디기 힘들었을 것이다. 몸이 신호를 보내어도 내가 무디어 느끼지 못했는가 보다. 머리를 매만지고 묘한 기분으로 집에 돌아왔다.

참 궁금했다. 내가 내 머리 밑을 보고 싶어도 볼 수가 없으니 답답했다. 거울로 이리저리 아무리 비추어 보아도 잘 볼 수가 없었다. 아들에게 사진을 찍어 보여 달라고 했다. 옆에 오백 원짜리 동전을 올려 사진을 찍었는데, 머리카락 빠진 부분이 동전보다 더 넓은 것 같았다. 아들과 남편은 보더니 아주 즐겁게 웃었다. 한참 후, 남편은 이쑤시개를 스무 개 정도 고무줄로 묶어 덩어리처럼 만들어서 그 부분을 꾹꾹 눌렀다. 얼마나 따갑던지 눈물이 날 뻔했다.

주변을 두드리는 것도 머리카락이 돋아나는 데 도움이 된다고 하기에 그렇게 하니 한결 덜 아팠다. 커다란 솔빗으로 머리를 툭툭 치며 틈날 때마다 아들이 찍어준 사진을 들여다보았다. 까만색 머리카락에 숨어 있던 하얀 속살의 동그란 민낯이 문득, 도장 같다는 생각이 들었다. 오백 원짜리 동전보다 큰 도장을 받아 자랑스러워했던 기억이 떠올랐다.

꽃다운 처녀 시절 마라톤을 한 적이 있다. 오늘처럼 산과 들녘에는 연둣빛 새싹들이 다투어 얼굴을 내밀고 꽃들이 찬란한 봄을 노래하던 무렵이었다. 직장에서 체육대회의 일환으로 여자 직원은 경주 보문호 반 바퀴를 돌고 남자 직원은 한 바퀴를 돌기로 했었다. 내가 평소에 조깅 하는 것을 아는 부서 직원들이 나를 여직원 대표로 출전시켰던 것이다. 솔직히 나는 달리기를 잘 못한다. 내가 할 수 있는 만큼만 달리고 또 빨리 뛰지 않는 편이다. 경기에 선수로 출전을 하면 속력을 내야 하고 등수 안에 들어오려면 무리를 해야 하기에 부담도 크다.

 이른 새벽 맑은 공기도 마시며 적당한 땀을 흘리기 위해 가벼운 운동으로 한 것인데 선수로 나서라니 당황스럽기도 했다. 마음 한쪽에선 평소에 운동을 전혀 하지 않는 사람보다는 낫지 않을까, 유혹도 살며시 고개 들었다. 거기다가 학창 시절 마라톤을 할 때 반환점을 돈 표시로 팔목에 찍힌 자랑스러운 빨간 도장도 생각났다. 해서 선수로 뛰기로 했다.

 마라톤에 참여한 직원들은 모두 80명 남짓 되었다. 넓은 잔디구장에서 출발 신호와 함께 달리기 시작했다. 혼자 뛸 때와 많은 사람이 함께 뛸 때는 다르다. 평소대로 호흡에 맞추어 뛰려고 했으나 옆 사람들이 한꺼번에 우루루 속력을 내는 바람에 호흡을 잠시 놓치고 말았다. 좋은 성적을 거두어야 하는 부담감이 호흡을 흔들리게 했던 것이다. 호흡을 가다듬으며 뛰었으나 평상시처럼 고른 호흡으로 빨리 돌아오지 않았다. 반환점쯤에 이르러서야 겨우 진정이 되었다. 오른팔을 힘껏 내밀어 어릴 적 우등상보다 자랑스러웠던 도장을 팔목에 받았다. 푸른색 도장이었다. 그 도장의 힘으로 힘껏 뛰어 결승점에 여섯 번째로 들어왔다. 하지만 등외였다.

  나는 그랬다. 초등학교 운동회 때도 달리기를 일등 한 적이 없다. 네 명이 달리면 삼등 아니면 사등이었다. 어쩌다가 삼등을 하는 날에는 상품으로 주는 공책 한 권을 받아들고 일등 했던 친구보다 훨씬 더 의기양양했다. 그날의 마라톤도 그 수준이었다. 같은 과 직원들은 나를 중심으로 조깅회를 조직해야겠다며 야단들이었다. 마라톤 선수의 흔적으로 며칠 동안 내 팔목에 남아 나를 즐겁게 해준 푸르스름한 도장 자국, 아련한 추억이다. 내 머리에 생긴 그날의 도장 크기만 한 동그란 틈이 나를 일깨운다. 반환점을 돌았으니 쉬엄쉬엄 가라고. 새로운 일을 시작하는 것보다 하던 일을 정리하며 살라고.

손

 푸르스름한 새벽이다. 창문을 열고 밖을 내다보다가 마당에 세워 둔 자동차에 눈길이 멈추었다. 차 문이 열려 있는 듯 틈이 보였다. 어제 저녁에 분명 문을 잠그고 확인까지 했는데 이상한 일이다. 차에 가 보았다. 누군가가 차 문을 연 흔적이 분명하다. 차 안에 무엇을 넣어 둘 만한 곳은 죄다 뒤져 놓았다. 서랍에 있던 휴지와 장갑, 서너 알 담겨있던 껌 통, 시장바구니와 메모지, 자동차등록증과 그 속에 접어서 넣어둔 영수증 몇 장, 작은 나사못 두어 개 담아 둔 재떨이 따위가 의자 위에 어지럽게 널려져 있다.

 아마 내가 운전하고 다니는 자동차에 대해서 잘 모르는 사람의 짓이리라. 승용차가 아니고 승합차이니 무슨 영업을 하는 차로 오해한 모양이다. 차 속에 그들이 원하는 어떤 가치 있는 뭔가가 있을 것으로 착각한 것일 테다. 그들은 얼마나 운이 없었을까. 남들이 곤히

잠을 잘 때 신경을 곤두세우고 재빨리 작업을 했을 터인데 아무런 소득이 없었으니 말이다. 그 소행이야 배울 바가 아니지만 근본은 선한 사람일 것이다. 그러지 않고서야 어찌 뒤지기만 하고 자동차에는 아무런 해코지를 입히지 않고, 잠자던 사람들이 깰까 봐 염려라도 한 듯이 차문을 살며시 닫고 갔을까.

거울이나 유리창이라도 깨뜨리거나 타이어에 바람을 빼놓을 수도 있고, 차체를 심하게 긁어 상처를 낼 수도 있고, 바쁜 아침에 시동이라도 걸리지 않게 할 수도 있었으련만 바람처럼 왔다 갔으니, 참 다행스러운 일이다. 의자에 어지럽게 흩어져 있는 물건들을 제자리에 정리하고 있으려니 몇 해 전 집을 다녀간 손이 생각났다.

점심을 차려두고 남편이 집으로 와서 밥을 먹을 수 있도록 내가 가게를 보러 간 사이였다. 집이 비어있었던 시간은 불과 20분 정도 될까 말까 했다. 집에 도착한 남편은 현관문 열쇠가 가볍게 돌아가서 약간 미심쩍은 느낌은 들었지만 단번에 달라진 것은 발견하지 못했다. 점심밥을 다 먹고 이곳저곳을 살피다가 보석함이 서랍장 위에 있는 것을 보고 얼른 뚜껑을 열었지만 이미 손이 지나간 뒤였다. 혼수품으로 장만한 보석들을 몸에 지니고 다니는 것이 불편하기도 하고 거추장스러워서 상자에 담아 집에 보관하고 있었던 것이다.

얼마나 간절했으면 대낮에 남의 집에 들어와서 그랬을까. 꼭 필요한 사람이 가져갔으리라 여기니 마음이 편했다. 서랍에 갇혀서 숨도 제대로 못 쉬고 있었을 빛나는 보석들이 제 값어치를 하려고 세상 속으로 나간 것이라 여기니 별로 아깝지도 섭섭하지도 않았다. 혹여 그 손들이 사람을 상하게 했으면 얼마나 큰일이었을까. 다행이다 싶었다. 그때 몰래 집에 온 손은 거의 흔적을 남기지 않고 뒤처리가 말끔했다. 현관문을 열고 들어온 수법도 자물쇠를 수리하러 온 아저씨가 대단한 수준급이라고 말했다.

간밤에 차에 왔다간 손은 초보자일지도 모른다. 하지만 그들의 손놀림은 마술사를 능가하리라. 자그마한 플라스틱 자 하나만 손에 들면 자동차 문 여는 것은 문제없다고 하며, 드라이버만 하나 들어도 아파트 현관문은 내 집 드나들듯이 한단다.

지난여름 베란다에다 두고 기르던 백합이 꽃을 잘 피우지 못하기에 햇볕과 바람이 잘 드는 꽃밭에 잠시 내다두었다. 마침 비가 아주 부드럽게 내렸다. 빗물을 머금은 백합을 보니 그동안 집 안에서만 살게 했던 백합에게 미안한 마음이 들었다. 비가 그치기를 기다렸다가 백합을 만나러 꽃밭으로 갔는데 백합이 없었다. 화분에 뻥 뚫린 구덩이만 있었다. 그 새하얀 연꽃 모양의 뿌리가 흔적도 없이 사라져버린 것이었다. 결혼 패물이 몽땅 손을 탔을 때와는 비교할 수 없이 가슴이 아렸다. 누가 가져갔을까. 그 손은 어떤 손이었을까.

옛사람들은 남의 꽃과 책을 몰래 가져가는 것은 나쁘지 않다고 했지만, 막상 내가 백합을 잃어버리고 보니 어안이 벙벙해졌다. 순간 매미 소리가 요란하게 울렸다. 사람은 남의 것을 훔치면서 불안과 함께 쾌감, 즉 행복을 느낀다고 한다. 그래서 그런지 바늘 도둑이 소도둑 되고 한 번 범죄를 저지른 사람은 재범률이 높다고 한다. 중독자처럼. 과연 백합을 가져 간 사람은 행복할까.

손가락 두 개로 피아노를 연주하는 손과 손을 사용할 수 없어 발가락으로 시계를 수리하는 사람의 '발손'을 텔레비전에서 보았다. 그들의 손은 내 가슴을 온통 뜨겁게 흔들었다. 세상에는 많은 사람에게 꿈과 희망을 안겨주는 온전하지 못한 손도 있고, 타인에게 아픔과 상처를 주는 온전한 손도 있다. 따뜻한 손과 차가운 손, 굼뜬 손과 재빠른 손, 어떤 손이 진정으로 행복한 손일까. 열 손가락 멀쩡한 내 손은 다른 사람에게 어떤 의미일까. 낯선 손길에 정신이 혼미했을 물건들을 부드럽게 쓰다듬어 있던 자리에 앉혀두고 차 문을 닫는다. 새벽 신문 배달하는 아주머니가 자전거 페달을 힘껏 밟으며 마당으로 들어온다. 아침밥 준비를 서둘러야겠다.

어떤 운전자

아침 출근길 상쾌한 기분으로 자동차 운전을 했다. 한참을 달리다 보니 앞에 가던 자동차들이 멈추어 있었다. 다른 길로 들 수도 없고 길이 열릴 때까지 마냥 기다릴 수밖에 없었다. 길게 늘어선 주차장이 되어 버린 도로 위에 갇혔다고 할까.

어느 날 7번 국도에서 보았던 어떤 운전자가 생각났다. 나는 국도 2차선에서 첫 번째로 신호 대기하던 중이었다. 1차선에는 고급 외제 승용차가 초록색 신호가 오기를 기다리고 있었다. 그때 갑자기 뒤에서 급브레이크 밟는 날카로운 소리가 들렸다. 순간 후방거울을 보니 내 뒤에 오는 차는 아니었다. 옆 차선이었다. 찢어지는 소리를 내며 트럭이 다가오자 내 옆에서 나란히 신호를 기다리던 자동차가 앞으로 움직였다. 트럭은 비명을 지르며 멈추었다.

 창밖을 내다보고 깜짝 놀랐다. 일 센티미터의 기적이라고 할까. 옆에 있던 자동차가 살짝 앞으로 나아간 덕분에 뒤에서 목청껏 고함을 지르며 달려오던 자동차가 숨이 멎은 듯 고요해졌다. 진땀 났으리라. 앞에 있던 자동차가 그 자리에서 움직이지 않았더라면 접촉사고가 났을 일은 뻔했다. 멈춘 트럭에서 운전자가 내렸고, 앞에 있던 고급 승용차에서도 운전자가 내렸다. 트럭 운전자는 두 손으로 놀란 가슴을 쓸어내리며 연신 머리를 조아렸고, 고급 승용차에서 내린 운전자는 정말 운 좋은 날이라고, 얼마나 놀랐느냐며 도리어 어깨를 두드리며 위로해 주었다. 출근길, 정말 감동이었다. 품위가 느껴지는 운전자였다. 고급 외제 승용차도 멋지지만 운전자가 훨씬 더 돋보였다. 고급 자동차에 어울리는 멋진 운전자의 재치 있는 행동을 잊을 수 없다.

 한 시간 남짓 지나서야 앞에 있던 자동차들이 서서히 움직이기 시작했고 길이 열렸다. 1차선에서 3차선으로 급하게 차선 변경을 하는 바람에 2차선과 3차선에서 직진으로 달려오던 자동차들과 충돌하여 순식간에 도로가 난장판이 되고 말았던 것이다. 바쁜 출근길 운전규칙을 무시한 자동차 한 대 때문에 졸지에 사고를 당한 운전자들은 날벼락이라도 맞은 기분이 아니었을까.

　나도 비슷한 상황을 겪은 적 있다. 신호를 대기하던 중이었는데 뒤에서 달려온 자동차가 내 차를 들이받았다. 뒤에서 빠르게 달려오는 자동차는 속수무책이었다. 사고를 낸 운전자는 운전석 아래에 떨어진 물건을 줍느라고 앞을 보지 못했다고 했다. 얼마나 위험한 운전자인가. 그 일로 나는 입원치료를 받았으며 자동차는 정비공장에서 수리를 받았다.

　자동차는 현대인에게 필수품이나 마찬가지이다. 그만큼 유용하기도 하지만 나를 죽일 수 있는 무기가 되기도 한다. 마치 양날의 검처럼 말이다. 어느 해 겨울, 눈길 고속도로를 달리다가 앞차와의 거리가 좁아지는 바람에 브레이크에 발을 올리는 순간, 내 차는 중앙분리대를 들이받고 빙글 돌아 주행도로를 가로로 막으며 멈추었다. 조수석이 뒤에서 오던 대형 덤프트럭과 부딪혀 굉음을 내었다. 그 자리에 누군가 타고 있었다면 정말이지 큰일 날 뻔했던 아찔한 사고였다. 1차선에 다른 차가 없어서 더 큰 사고로 이어지지 않은 것도 불행 중 다행이었다. 짧은 순간 나는 정신을 잃었고 119에 실려 병원 신세를 지게 되었으며 그 자동차는 나와 영원히 작별하고 말았다.

자동차는 내가 어디든지 갈 수 있는 편리한 도구임과 동시에 나를 죽일 수도 있겠다고 실감했다. 한동안 후유증으로 운전하기가 두려웠다. 지나가는 자동차가 나에게로 달려들 것 같은 착각이 지속되었으며, 안전한 인도를 걸어가면서도 달리는 자동차만 있으면 온몸이 움츠려지곤 했다. 혼자서는 거리를 다닐 수가 없을 지경이었다. 누군가가 나를 잡아주어야만 걸음을 겨우 뗄 수 있을 정도였다.

  그 일이 있은 후 앞차와 충분한 거리를 두고 운전하는 습관이 생겼다. 정해진 시간보다 10분 정도 일찍 집을 나선다. 내 차 앞에 끼어드는 자동차가 있으면 속도를 늦추어 공간을 내어 준다. 이런 운전이 습관 되니 마음에 여유가 생긴다. 10분 일찍 나서려면 아침에 바삐 서둘러야 하지만 적당한 간격을 두고 운전하며 편안함을 누릴 수 있는 보상이 더 크다.

  자동차사고는 나의 과오로 다른 사람에게 피해를 끼칠 수도 있으며, 타인의 부주의로 내가 피해를 입을 수도 있다. 나는 영일만 대로를 자주 다닌다. 가끔 과속이나 곡예하듯이 달리는 자동차를 만나기도 한다. 그럴 때는 아슬아슬하다. 앞차에 바싹 붙어 쫓아가며 조명등을 번쩍번쩍 비추는 운전자도 위험을 초래하기는 마찬가지이다. 오늘 아침에도 운전규칙을 잘 지켰더라면 사고가 발생하지 않았을 것이다.

운전을 잘하는 사람은 쾌속질주를 잘하는 자가 아니라 규정 속도를 지키고 상대방을 배려하며 안전하게 운전하는 사람이다. 차선을 바꿀 때는 방향지시등을 미리 켜고 주위를 잘 살핀 다음에 진입해야 할 것이며, 차선을 바꾼 후에는 방향지시등을 끄는 일도 잊지 말아야 한다. 그렇게 하지 않으면 뒤에 따라오는 운전자에게 혼동을 주기 때문이다. 신호등 없는 도로에서 차를 세우고 횡단보도를 건너려는 사람들을 향해 먼저 지나가도록 손짓하는 모습도 참 아름답다.

코로나19로 인하여 대중교통보다 개인용 자동차를 이용하는 사람이 늘어났다. 거리에 반짝반짝 빛나는 자동차들이 즐비하다. 자동차 수가 늘어나는 만큼 모범운전자도 많아지리라 믿는다. 수많은 운전자 중에 나는 어떤 운전자일까.

마늘과 어머니

이불
있어도 되고 없어도 되는 것
빈집
밥
화산 참꽃
회초리
마늘과 어머니
마른 꽃
어미 마음

이불

  비가 내리는 주말, 딸아이가 이사를 했다. 딸아이는 넓은 방을 원했지만 다소 좁은 방을 얻어 짐을 옮겼다. 학교에 다닐 때에는 꽤 널찍한 방을 얻어 살았으나 졸업을 하고 일 년 정도 생활할 방이기에 불편하더라도 좁은 방을 택한 것이다. 딸아이는 방이 좁으면 집으로 잘 들어오지 않을지도 모른다는 위협적인 말도 했다. 하지만 사람 만나기를 좋아하는 딸아이의 성격으로 방이 넓으면 친구나 선후배들이 모이는 장소로 활용하지 않을까 하는 나의 노파심이 한몫 작용했던 것도 사실이다.

  딸아이는 좁은 방을 선택한 대신 마음에 드는 물건들을 방에 놓아야 그나마 방에 정이 들 것이라며 마음에 꼭 드는 물건들을 사달라고 했다. 침대 덮개와 이불, 의자 방석, 스탠드 등을 새것으로 바꾸고 싶다기에 그렇게 하기로 약속했다. 아이가 원하는 것들을 장만해 주어서 편안하게 쉴 수 있는 아늑한 방으로 꾸며 주기로 한 것이다.

올케와 딸아이, 그리고 나 셋이서 이불을 사러 갈 채비를 했다. 그런데 마침 아들네 집에 와 계시던 친정어머니가 옷을 챙겨 입고 나섰다. 우리들끼리 가서 사오면 될 터인데 날씨도 좋지 않고 걸음걸이도 더딘 노인네가 굳이 따라나서려고 했다. 비도 내리고 무더운 날씨에 걸음도 느린 분이 뭐 하러 오시려는지, 물건이 마음에 들지 않으면 이곳저곳 많이 둘러봐야 하는데 어찌 따라 다니려고 그러시는지…. 날씨도 더운데 집에 그냥 계시라고 했더니 "나도 너거 가는 데 따라가서 구경 좀 할란다." 하시며 기어이 따라나섰다.

우리보다 먼저 옷을 챙겨 입고 작은 가방을 목에 두르고 아이처럼 현관을 나갔다. 어머니께서 시장구경을 하고 싶으신가 보다. 시골에서 아버지와 두 분만 계시니 모처럼 도시에 사는 아들네 집에 오신 김에 시장에 다니는 많은 사람들도 구경하고 갖가지 물건들도 구경하고 싶은 모양이구나, 하는 생각이 들어 같이 가기로 했다.

자동차로 이십 분쯤 달려 큰 판매점에 도착했다. 매장 안은 넓었다. 먼저 침대 덮개와 이불을 보러 갔다. 어머니는 많은 사람들

틈에서 우리를 놓칠세라 눈길을 떼지 않으며 잘 따라다니셨다. 여러 가지 물건들을 보며 연신 신기하다, 얄궂다, 희한하네, 곱다, 감탄을 하시며 구경을 즐기셨다. 갖고 싶은 것이나 필요한 것 있으면 말씀하시라고 했더니 그런 것은 없다며 눈으로 보고 손으로 쓰다듬으시며 어린아이마냥 즐겁게 구경하셨다.

이불이 전시된 곳에서 몇 가지를 뒤적이며 살펴보았으나 사지 못했다. 색상은 딸아이의 마음에 들었으나 크기가 침대에 맞지 않았다. 정작 사려는 물건은 사지도 못했는데 벌써 점심시간이 훌쩍 넘었다. 동생네 집에서 친정아버지가 홀로 우리를 기다리고 계셨다. 오후에 다시 다른 곳으로 가 보기로 하고 과일과 빵, 고기를 사서 돌아왔다.

점심을 먹은 후 다시 시장으로 나섰다. 어머니는 오전에 많이 걸어서 피곤하실 테니 오후에는 집에 계시리라고 생각했던 나의 생각은 오판이었다. 어머니는 또 씩씩하게 외출 준비를 했다. 오전보다 더 기분 좋은 표정으로 얼른 가자고 재촉하며 신발을 신고 앞장섰다. 무더운 날씨에 걷기도 힘드시고, 아버지 혼자 심심하실 텐데 집에 계시라고 했더니 "너거 아버지는 맨날 천날 같이 있는데 괜찮다. 내가 같이 가는 게 귀찮아서 그러제?" 하시며 막무가 내였다. 오후에 들른 몇 곳의 이불가게에서는 알록달록한 색상이 딸아이가 마음에 들지 않는다며 또 사지 못했다. 마지막으로 한 곳에만 더 들러보고 그곳에도 마음에 드는 것이 없으면 인터넷으로 살 것이라는 딸아이를 데리고 다른 가게로 갔다. 어머니도 이제는 지치셨는지 '이불이 좋구나, 색깔도 곱고 천도 보드랍구나, 뭐가 맘에 안 드노, 나는 다 좋기만 하구나, 얼른 정해라.'는 말씀을 하시기에 이르렀다.

딸아이가 찾는 것은 무늬가 없고 은은한 단색에 면으로 된 이불이다. 그런 것은 몇 군데를 가보아도 이인용 침대 크기는 있지만 일인용 침대에 맞는 것은 없었다. 마지막으로 온 이곳에서는 딸아이의 마음에 쏙 들지는 않았지만 끌리는 것이 있었다. 연한 계란색 바탕에 갓 돋아난 새싹 같은 빛깔로 잘잘한 꽃무늬가 살짝 수놓아진 이불과 베개, 그리고 순면으로 된 흰색 침대 덮개였다. 어머니는 외손녀가 마음에 든다는 물건들을 꼼꼼하게 살피셨다.

이불을 활짝 펼쳐서 바느질이 단단하게 되었는지 손으로 놓은 수인지 기계로 놓은 수인지, 세탁기에 온수로 빨래를 해도 물이 빠지거나 줄어들지는 않는지, 나일론인지 면인지 등등 어머니가 알고 있는 지식들을 총동원해서 판매원에게 물으며 아주 꼼꼼하게 살폈다. 그러고는 외손녀에게 이제 정말로 마음에 드느냐며 다짐을 받듯이 물었다. 딸아이가 기분 좋게 마음에 든다고 하자 "그래? 이거 할머니가 사줄게." 하시는 것이었다.

하나뿐인 외손녀가 대학교 졸업한 기념으로 할머니가 선물 하나 해주고 싶어서 그런다며 "네가 마음에 드니 됐다."고 하시면서 목에 걸고 있던 작은 가방에서 꼬깃꼬깃 접어 두었던 돈을 꺼내셨다. 손가락에 침을 묻혀 한 장 한 장 세어 이불가게 주인에게 "잘 세어보세요." 하시며 건넸다. 마음이 찡했다. 비가 내리고 무더운 날씨임에도 작은 가방을 메고 앞장서서 시장에 가겠다고 하신 그 까닭을 그제야 알았다. 불편하신 몸으로 기어이 따라나선 어머니의 깊고 따스한 사랑에 눈물이 핑 돌았다. 만만치 않은 금액이었지만 어머니의 마음을 감사하게 받았다. 밖에는 여전히 비가 내리고 있었다.

딸아이의 방으로 가져온 이불을 활짝 폈다. 어머니의 따스한 마음이 방에 가득하다. 이불 속으로 살며시 들어갔다. 포근하다. 마치 어머니의 자궁 속이 이런 느낌이 아닐까. 고요와 편안함이 나를 감쌌다. 어머니의 넓고 깊은 큰 사랑에 나는 한없이 낮아지고 작아지고 부끄러워진다. 딸아이는 매일 밤 외할머니의 따스한 품에 안기어 편안한 잠을 이룰 것이다.

있어도 되고 없어도 되는 것

 아들아이가 취업이 되어 집과 먼 곳에 첫 근무지를 발령 받아 원룸을 구했다. 4층 건물에 3층이다. 햇살이 잘 들어오고 꼭 필요한 가재도구만 있다. 안방에는 자그마한 책상과 옷장이 있고, 주방과 욕실에도 필수품만 갖추어진 깔끔한 집이다. 청소를 하고 주방과 욕실에 필요한 도구들을 정리해 두고 작은 냉장고에 집에서 만들어간 밑반찬 몇 가지도 넣어두고 방에 앉았다. '참 좋다~'는 말이 저절로 나왔다. 보일러를 올려 따스해진 방바닥에 누워 천장을 바라보며 나도 이런 집에서 살고 싶다는 생각이 들었다.
 생활에 꼭 필요한 것만 갖추고 사는 것, 살다 보면 집안에 살림살이가 늘어나고 집이 복잡해지기 마련이다. 가구와 가전제품 따위들이 필요에 의해 집안에 들여지고 계절에 따라 입을 옷도 더 생기고 책도 그 수가 더해진다. 버리려니 필요할 것 같아서 집에 두는 물건들이 한두 가지가 아니다.

　나도 새집으로 이사를 했다. 신혼살림도 분양받은 아파트에서 시작했고 두 번째 입주한 아파트에서도 스물네 번의 설날을 보냈다. 어느 날 남편이 집을 옮길 때가 되지 않았느냐며 넌지시 이야기를 꺼내었다. 나는 생활하는데 불편함이 없고, 관리비도 적게 들고 교통도 편리한데 갑자기 이사 타령이냐고 투덜거렸다. 며칠이 지난 후 남편은 구체적으로 이야기를 했다. 새 아파트를 사기에는 부담이 되니 지은 지 4~5년 정도 지난 집을 알아보자는 것이었다. 남편이 나한테 그렇게 이야기를 할 때는 나름대로 생각을 많이 한 후에 하는 언행임을 알기에 남편의 결정을 따르기로 했다.

　그런데 원하는 위치에 적당한 시기에 지은 집을 구하기는 쉽지 않았다. 그 무렵 시내 번화가에서 조금 떨어진 곳에 새로운 아파트단지를 건립했는데, 이미 분양은 끝이 났고, 프리미엄을 붙여서 매매하고 있었다. 생각해 보니 헌집을 사더라도 집수리를 하는 비용이 들 터인데 새집을 사는 것이 나을 것 같았다. 부동산에서 소개해 주는 집을 둘러보니 수납공간이 잘 되어 있고, 멀리 산과 들이 내다보여 전망도 괜찮아서 마음속으로 결정을 했다. 남편은 집 사는 일을 너무 서둘러서 결정하는 것이 아니냐고 걱정했다. 그럴 만도 하다. 남편이 집을 옮기자는 이야기가 나온 지 약 두 달 만에 새집으로 이사를 해버렸으니 말이다.

 이사할 날을 정하고 시간이 날 때마다 짐을 정리했다. 이십사 년동안 한 집에서 뿌리를 내리고 살았으니 묵은 짐들이 많았다. 앞 뒤 베란다와 주방에 있던 물건들을 꺼내었다. 그때그때 정리하고 살았다 싶은데도 막상 꺼내놓고 보니 발 디딜 틈이 없을 정도로 집 안에 가득했다. 꼭 필요한 물건은 남겨두고 고물상의 트럭을 불러 실어 보냈다. 다음에는 옷과 이불을 정리했다. 평소에는 우리나라에 사계절이 있어 아름답고 매력적이라고 여겼는데, 이삿짐을 챙겨보니 도리어 불편하다는 생각이 들었다. 계절에 따라 옷이 다르니 모두 버릴 수가 없다. 꼭 필요한 옷만 챙겨도 양이 적지 않았다. 마지막으로 서재를 정리했다. 시간이 가장 오래 걸리는 작업이었다. 꼭 필요한 학술지나 자료집, 도서 따위들만 남기고 책꽂이에서 내렸다. 한 권 한 권 내릴 때마다 책장을 후루룩 넘기며 빼곡하게 적힌 문자들과 눈인사를 했다. 묵은 짐들을 버리고 나니 다소 공간이 생겼다.

　남은 물건들 중에서도 꼭 필요한 것만 남기고 다시 정리했다. 살면서 있으면 편리하지만 없어도 되는 것들은 모두 버리기로 했다. 그러고 보니 남은 물건들 중에 또 버릴 것이 생겼다. 주방과 욕실용품들 중 예비용으로 있던 것들은 이웃사람을 불러 필요한 사람에게 나누어주고 나머지는 분리수거함에 넣었다. 사용 가능한 전기 제품들과 그릇들은 깨끗이 닦아서 상자에 담아 '사용 가능'이라고 적어서 내다 두었다. 오가며 보니 누군가가 가져가고 없었다. 필요한 사람이 가져갔으리라 여기니 마음이 가벼웠다.

　이삿짐센터에서 차가 오고 짐을 내리는 날, 가구들을 폐기처분했다. 침대와 소파, 책장과 옷장, 장식장들도 마당 한쪽 구석으로 내렸다. 읍사무소에 가서 폐기물처리 스티커를 사다가 이름표처럼 붙였다. 있어도 되고 없어도 되는 것들은 없어도 된다, 다만 조금 불편할 뿐이다, 라는 각오로 물건들을 처분했다. 새집으로 짐을 옮겼다. 몇 날 며칠을 제각각 있어야 할 자리에 정리했다. 벽에는 아무것도 걸지 않았다. 사진이나 그림들도 책장이나 벽에 기대어 놓았다. 가구들이 없으니 공간이 생겼다. 공간이 생기니 마음의 여유가 온다.

이사를 한 지 삼 년이 지났다. 꼭 필요한 것만 갖추고 살겠다고 다짐했는데, 또 물건들이 쌓인다. 무엇을 사는 것보다 버리기를 잘해야 현명한 사람이라고 한다. 무언가를 사기는 쉬워도 버리기가 그만큼 어렵다는 뜻이겠다. 시어머님은 버리기를 잘하셨다. 시댁은 바닷가 주택이었다. 시댁에 잠시 보관하는 물건들도 어머님께 다른 사람에게 주거나 버리지 마시라고 몇 번이나 당부를 해야 했다. 그렇지 않으면 고물상이나 다른 사람에게 주고 만다.

 심지어 이사할 때 여행용 큰 가방을 다시 가져올 요량으로 잠시 갖다 두고 버리지 마시라고 신신당부를 했건만 어느 날 가보니 사라지고 없었다. 그 안에는 남편이 결혼하기 전부터 모아두었던 화폐와 우표, 나와 주고받았던 편지들이 고스란히 들어 있었는데, 바람처럼 사라지고 말았다. 속이 무척 상했지만 텅 빈 가슴을 달래어야만 했다. 당신은 없던 물건이 집에 있으면 집이 어지럽다 하시며 빠른 시일 내에 처분을 하셨다. 그래서 집은 늘 말끔했다. 어머님은 요양병원으로 거처를 옮기시고 설날이 두 번 지났다. 어머님이 계시던 집 마루에 앉아 보았다.

 텅 빈 마당에는 햇살이 가득하다. 그 햇살을 머금고 무화과가 익어가고 감이 발그스레하게 등불을 밝히기 시작한다. 감나무 잎들은 바람을 따라 주인 없는 마당에서 무엇을 찾으려는지 이리저리 서성거린다. 문을 열고 방 안에 들어갔다. 어머님이 주무시던 안방에는 빛바랜 서랍장 위에 반듯하게 개어진 이부자리가 얹혀 있고, 그 옆에는 황금빛 누비베개가 얌전하게 올려져있다. 벽에는 달력과 벽시계가 나란히 걸려있고, 그 아래에는 텔레비전이 침묵하고 있다. 어머님이 거처하시던 방 그대로이다. 어머님이 이 방에 거처하실 때나 그렇지 않을 때나 방은 변함이 없이 말끔하다. 꼭 필요한 물건들만 있다.

비어 있는 공간에서 더 많은 생각이 일어난다. 집안 살림살이도 그렇지만 글쓰기도 그렇다. 좋은 글을 쓰려면 군더더기가 없어야 한다. 꼭 필요한 어휘만을 선택하여 깊은 울림이 있는 글을 써야 좋은 글로 평가받는다. 그렇지만 그게 어디 쉬운 일이던가. 새집으로 이사할 때의 다짐을 되새긴다. 있어도 되고 없어도 되는 것은 없어도 된다고.

빈집

 매미의 계절입니다. 느티나무 짙은 그늘 아래에서 매미들의 노랫소리에 귀 기울입니다. 마치 성대한 음악회에 초대라도 받은 듯합니다. 맴맴맴, 쎄아쎄아, 쓰르쓰르…. 나뭇잎들도 리듬에 맞추어 가벼이 어깨춤을 춥니다. 어딘가에 앉아 노래하고 있을 매미를 찾으려고 나무 밑둥치부터 높은 나뭇가지까지 찬찬히 눈으로 쓰다듬었습니다만 보이지 않습니다. 열창하는 매미는 찾지 못하고 매미가 남긴 빈집 하나 찾았습니다. 문득 어머님께서 사셨던 집이 떠오릅니다.
 어머님은 아흔네 번의 여름과 가을, 그리고 겨울과 봄날을 맞이하고 여름이 시작되는 날 홀연히 하늘나라로 가셨습니다. 여섯 남매를 낳아 기르시고 손주며느리와 손녀사위의 자녀까지 품에 안으셨으니 그동안 얼마나 많은 희로애락이 있었을까요. 언젠가 어머님께 살아오시면서 가장 기억에 남는 즐거웠던 때, 슬펐을 때, 속상했을 때가 언제였는지 여쭤어 본 적 있습니다. 어머님은 '그런 거 없다.' 하시더니 한참 후에 '손녀가 경찰이 되었을 때 제복 입은 손녀를 앞세우고 떡이랑 과일을 들고 경로당에 갈 때 기분이 좋더라.'고, 아버님께서 어머님 곁을 영원히 떠나실 때 '못 해준 일만 생각나서 마음이 아프더라.'고 말씀하셨습니다. 어디 그뿐이었겠습니까. 어머님은 물음표와 같은 모습으로 누워계시더니 작은 새처럼 둥지를 떠나셨습니다.

주변을 살펴보니 매미가 남겨둔 빈집이 하나가 아닙니다. 무궁화 나뭇가지에도 맥문동 꽃 위에도 빈집들이 조롱조롱 매달려 있습니다. 매미들의 주택단지 같습니다. 재개발을 앞두고 주인이 떠나고 없는 텅 빈 아파트를 보는 것 같습니다. 아니, 실크로드에서 만났던 둔황 막고굴 같기도 하고, 인도 아잔타 석굴이나 튀르키예 아야지니 석굴교회를 떠올리게 합니다. 거대한 바위산에 크고 작은 석굴을 여럿 만들어 그 속에서 기거하며 수행하던 사람들이 떠나고 없는 빈 석굴사원들 말입니다. 매미들도 긴 수행기간을 끝내고 집을 떠난 것이겠지요. 우화羽化한 매미가 남겨둔 빈집을 나뭇가지에서 떼었습니다.

딱딱한 가시 같은 발끝이 나뭇가지에 실뿌리처럼 박혀 쉽게 떨어지지 않습니다. 조심스레 떼어내어 손바닥 위에 올려두고 가만히 살펴봅니다. 앞을 향해 웅크린 한 쌍의 앞발은 단단한 집게 같습니다. 커다란 바위라도 거뜬하게 들어 올릴 듯 튼실합니다. 짧은 더듬이와 꼭 다문 입은 금방이라도 움직일 것 같습니다. 하지만 두 눈은 투명한 듯 불투명한 듯 모든 일을 초월한 모습입니다. 두 쌍의 뒷발은 이쑤시개처럼 가늘지만 발끝으로 움켜잡은 힘이 거미손 같습니다. 배와 꼬리 부분의 주름도 선명합니다. 새우처럼 구부러진 등은 마치 대문처럼 활짝 열려 있습니다. 성충이 되어 힘찬 날갯짓으로 더 넓은 세상으로 떠난 흔적임에 분명합니다.

매미는 유충에서 성충이 되기까지 짧게는 삼 년, 길게는 십칠 년간 나무의 수액을 먹고 땅속에서 산다고 합니다. 유충의 모습으로 칠 년 정도 땅속에서 지내다가 성충이 됩니다. 해거름 무렵, 어린벌레가 나무 위로 힘겹게 기어 올라와 매미의 모습으로 변신하기까지 소요되는 시간은 열 시간도 훌쩍 넘는답니다. 그 긴 시간 동안 홀로 밤을 꼬박 새우며 탈피의 고통을 이겨낸 후 남겨진 반듯한 겉옷인 셈입니다. 그 어떤 갑옷보다 단단하지만 살살이 꽃잎 같은 바람에도 날려갈 듯 가볍습니다. 마치 어머님의 집이 이런 것 같습니다.

 어머님이 드나드셨던 초록색 대문에는 왕거미가 주인 노릇 합니다. 파란 지붕은 빛이 바래어 해무 가득한 바닷빛으로 변하였습니다. 꽃밭을 지키는 상사화와 채송화, 장미넝쿨과 향나무, 마당의 잔디도 주인을 기다리다 야위었습니다. 현관문을 열고 들어가 신발장 문을 열어봅니다. 굽이 나지막한 짙은 고동색 구두와 발등에 반짝이로 장식된 계란색 구두와 파란색 플라스틱 슬리퍼가 얌전하게 앉아 있으며, 아래 칸에는 빨간색 목욕바구니도 물기가 마른 지 오래되었으나 제자리를 지키고 있습니다. 방문을 밉니다.

 방 안에는 이불과 텔레비전, 전화기들이 그대로입니다. 하지만 찢어진 꽃무늬 벽지 사이로 흙이 흘러내리고, 속옷이 가지런히 담겨있는 서랍장은 손잡이가 헐렁합니다. 장롱 문을 당기니 가늘게 아픈 소리를 냅니다. 가구들도 나이가 드니 기운이 없는가 봅니다. 장롱 안에는 며느리가 시집올 때 해온 공단이불이 가지런히 누워 분홍 꿈을 되새기는 듯합니다. 집 안에 있는 물건들은 나약해졌지만 집을 지탱하는 기둥은 튼실합니다. 마치 매미가 남겨둔 빈집처럼 말입니다.

　매미는 집을 떠나 어디에 있을까요. 어머님은 자손들이 북적거리던 집을 두고 어디로 가셨을까요. 고기잡이하시는 아버님께 드릴 아침밥을 머리에 이고 새벽바다로 가셨거나, 마을 경로당에 화투놀이 하러 잠시 외출하신 것 같기만 합니다. 마루에 앉아 기다리면 금방이라도 대문을 밀고 집으로 오실 것 같지만 반야용선을 타고 가셨으니 돌아오지 않으실 줄 압니다. 어머님의 온기와 그 자취는 그대로 있는데 모습은 보이지 않습니다. 집안을 둘러보니 어머님의 성품처럼 빈집은 단아합니다.

　내가 사는 집을 생각합니다. 잘 가꾸어진 정원과 편리한 시설이 갖추어진 아파트입니다. 신발장과 거실, 주방과 다용도실에 살림살이들이 가득합니다. 서재에는 책장에 가지런히 꽂혀 있는 책도 있지만 포장지도 뜯지 않은 책들이 쌓여있습니다. 뿐만 아닙니다. 눈에 보이지 않을 뿐, 컴퓨터에 저장해 둔 사진과 갖가지 자료들도 정리해야 할 것들이 많습니다. 나도 언젠가는 이 집을 떠날 것입니다.

　나는 어떤 사람일까요. 딸이며 누나, 며느리이며 아내, 두 아이의 어미요, 또한 장모이며 할머니, 가정주부이기도 합니다. 문학

인과 직장인, 그리고 자원봉사자의 명함도 가지고 있습니다. 사람들은 나를 아줌마·선생·작가라고 부르기도 하고 어떤 곳에서는 전화번호 끝자리로 부르기도 합니다. 그 외에도 때와 장소에 따라 나를 부르는 명칭은 다양합니다. 내가 살았던 흔적은 어떤 모습으로 남을까요. 살아온 날보다 살아갈 날이 더 적은 나이입니다.

  오래된 느티나무를 바라봅니다. 짙은 초록색 나뭇잎 사이로 흰 구름이 지나갑니다. 매미들의 노랫소리 더욱 높습니다. 거대한 만다라 속에 청청한 독경소리 가득합니다. 우화羽化한 매미의 빈집도 어머님이 남기신 빈집도 살아온 자취 그대로의 모습입니다. 내가 떠나고 난 후에 남겨질 빈집을 생각하며 마음을 가다듬습니다.

밥

 밥을 반드시 먹어야만 하는가. 한 달 정도 유럽여행을 하면서 여러 번 되뇌었던 생각이다. 여행이 즐거운 이유는 여러 가지가 있겠으나 특히 여성들은 주방 일을 하지 않는 것도 큰 몫을 차지한다. 다른 사람이 해주는 밥을 먹고 설거지도 하지 않으며 낯선 거리를 구경하면 얼마나 행복한가. 한평생 밥 짓는 팔자를 타고난 나에게는 꿈같은 일이 아닐 수 없다.

 내가 처음으로 손수 밥을 지은 것은 고등학교에 입학하여 자취를 시작할 무렵이다. 어머니께서 양은 냄비 두 개를 사 주셨는데 하나는 밥을 하고 하나는 국이나 된장을 끓이는 용도였다. 어머니는 연탄불에 밥 짓는 방법을 단단히 일러주셨다. 저녁에 쌀을 씻어 냄비에 담아 불려두었다가 다음 날 등교시간보다 한 시간 정도 일찍 일어나서 밥을 지었다.

  새벽에 일어나면 먼저 부엌으로 가 밤새 막아두었던 연탄불 아궁이에 불구멍을 열어 불을 어느 정도 달아오르게 한 후, 세수를 하고 이부자리를 개고 나면 검정색 연탄구멍이 발그스레하게 변했다가 푸른 불꽃을 뿜어 올렸다. 냄비에 담긴 불린 쌀을 손바닥으로 살짝 눌러서 손가락이 완전히 잠기고 손등에서 찰랑찰랑할 만큼의 밥물을 조절하여 연탄불 위에 냄비를 얹었다. 십오 분 정도 지나면 밥물이 끓기 시작했다.

  나무주걱으로 끓는 밥을 저은 다음 불구멍을 막고 연탄집게를 벌려 불 위에 걸쳐두고 그 위에 밥 냄비를 올렸다. 불과 냄비의 거리를 떨어지게 하여 뜸을 들인 것이다. 십 분 정도 기다렸다가 귀를 냄비 가까이에 대어보면 따닥따닥, 밥 익는 소리와 함께 구수한 밥 냄새가 났다. 연탄 화덕을 뚜껑으로 덮고 그 위에 잠시 밥 냄비를 얹어 두었다가 나무주걱으로 밥을 펐다. 김이 모락모락 나는 보슬보슬한 뽀얀 쌀밥, 처음 지은 밥은 성공적이었다. 어머니께서 해주시던 밥보다 훨씬 맛있는 것 같았다.

  그렇게 시작된 밥 짓는 생활은 고교 졸업 이후 객지생활에서도 계속되다가 결혼 후에는 아예 본업이 되었다. 이제 하루라도 내가 밥을 짓지 않으면 가족의 영양 상태는 형편없는 꼴이 되고 말 것이다. 밥 짓는 일은 한국을 떠나서도 그치지 않았다.

유럽여행 중 런던에서도 마켓에서 쌀을 사 와서 숙소에서 밥을 지었다. 유럽인들은 주식이 빵인지라 주방에 압력밥솥이나 전기밥솥이 없다. 적당한 크기의 냄비에 쌀을 씻어 담아 밥을 짓고 한국에서 가져간 양념장을 넣고 국이나 찌개를 끓이고 조림과 장아찌 종류의 밑반찬으로 식탁을 차렸다. 현지인들이 거주하는 가정집을 빌려 우리는 식탁에 둘러앉아 밥을 먹으며 자유여행의 매력을 맘껏 누렸다. 파리에서도 재래시장을 구경하고 식재료를 사와서 직접 밥을 지어먹는 것이 즐거웠다.

하지만 외국 여행길에 열흘 남짓 혼자서 밥 당번을 하다 보니 슬그머니 생각이 바뀌었다. 더운 날씨에 낯선 거리를 하루에 이만보 넘게 걸으며 여행하는 것도 만만치 않은 일인데 날마다 가족들의 밥까지 해야 하다니…. 비행기로 열다섯 시간 넘게 날아온 이국에서도 밥을 지어야 된다고 생각하니 슬며시 심술이 났다.

여행 열여섯째 되는 날, 이른 아침에 바르셀로나 거리로 나가 보았다. 오늘은 뭘 해먹을까 고민을 하던 나의 눈에 봉지에 담긴 빵을 들고 다니면서 먹고 있는 젊은이들이 눈에 띄었다. 이곳 사람들은 출근길에 빵을 뜯어먹는 것이 아침식사라고 했다. 노인들도 빵을 사서 들고 다니는 모습을 쉽게 볼 수 있었다. 집에서 직접 빵을 만들지도 않고 가게에서 사서 먹는단다. 그렇다! 이 기회에 나도 밥 짓기를 포기하고 밥 대신 빵으로 끼니를 대체하면 어떨까.

  이날 아침 나는 오늘부터 현지인처럼 밥 대신 빵을 먹겠다고 선언했다. 나의 결심이 단호해보였는지 가족들 모두가 이제는 빵으로 끼니를 때우면 더 편하겠다고 하며 호응했다. 다음 날 아침부터는 밥이 식탁에서 사라졌다. 대신 빵과 우유, 샐러드와 달걀프라이가 그 자리를 차지했다. 참 간단하면서 편했다. 빵으로 아침식사를 하고 야채를 넣은 샌드위치와 사과, 바나나, 삶은 달걀 따위를 점심과 저녁으로 먹을 요량으로 챙겨서 각자 가방에 넣고는 새로운 여행지를 찾아 돌아다녔다. 나는 주식으로 빵을 먹어도 물리지도 않고 괜찮았다.

  그런데 사달이 생겼다. 점심때가 되자 동생네 가족들이 먼저 반기를 들었다. 도저히 빵을 더 이상 먹을 수 없겠다고 했다. 자기들은 한국 사람이니 밥을 꼭 먹어야 된다는 것이었다. 갑론을박 승강이를 벌이다가 밥을 먹어야만 되는 사람은 밥을 해서 먹고, 빵을 먹을 사람은 빵을 주식으로 하기로 협의는 했지만, 마음이 편하지 않았다.

누나가 되어서 오랜만에 먼 이국까지 함께 여행 온 동생네 가족에게 그들이 꼭 먹어야 한다는 밥을 지어주지 않겠다고 한 말에 슬며시 미안한 생각이 들었다. 내가 조금만 수고하면 온 가족들이 따스한 밥을 먹을 수 있는데, 나 혼자 편하자고 가족들을 배고프게 하다니…. 생각이 여기에 미치자 빵을 먹자고 말했던 내가 가족들을 힘들게 한 것이 아닌가 싶었다.

숙소로 돌아와 다시 쌀을 씻었다. 밥을 안 먹는 사람은 밥을 짓지 말라며 동생네 가족이 나를 주방에서 쫓아내려 했지만 묵묵히 쌀을 씻고 감자를 깎았다. 밥을 먹고 난 동생네 가족들은 얼굴에 활기가 피어올랐다. 한국인은 역시 밥을 먹어야 힘을 쓴다는 말이 맞는 말인가 보다.

귀국하기 전, 네덜란드 베네콤에 사는 동생네 집에 들렀다. 올케가 밥을 해 주었다. 된장국과 함께 먹는 따끈따끈한 쌀밥이었다. 다른 사람이 나 대신 해주는 밥이라 그런가. 밥맛이 아주 달았다. 한때나마 밥 대신 빵을 먹자고 우겼던 나는 속죄라도 하듯이 밥상 앞에서 연거푸 허리를 조아리며 숟가락질을 했다. 한국인은 역시 밥이 최고라는 것을 이번 여행에서 절실히 느꼈다.

화산 참꽃

 곳곳에서 꽃 축제가 한창이다. 신문이나 텔레비전에서도 봄꽃 장면들이 화려하다. 온통 꽃 세상이 된 듯하다. 며칠 전 대구에 가신 어머니께서 '꽃시장에 갔더니 참말로 예쁜 꽃들이 많더라. 하도 꽃이 예뻐서 이름도 모르고 화분에 담겨 있는 거 두 개 사 왔다.'고 하시던 말이 생각났다. 꽃을 보는 것은 즐거운 일이지만 화분 하나 제대로 가꾸지 못하는 나는 꽃시장에서 좋은 묘목이라고 해도 손을 내젓고 마는데, 화분을 두 개나 사셨다니 꽃을 얼마나 곁에 두고 보고 싶으셨을까.
 오늘 아버지와 함께 포항으로 오신다기에 터미널에 마중 나갔다. 시골집에 가서 꼭 해야 할 바쁜 일이 있는지 여쭈었더니 그럴 만한 일은 없다고 하셨다.

"경주 벚꽃 구경 가실래요?"

했더니 두 분이 아주 환한 얼굴로 반기셨다.

포항터미널에서 경주시 천북면 화산리를 지나 벚꽃이 한창인 보문단지로 향했다. 전국에 내린 황사경보가 해제된 지 이틀째 되는 맑은 날이다. 길가에 피어있는 노란 개나리며 분홍 진달래, 하얀 벚꽃이 햇살 속에서 눈을 부시게 했다. 여기가 불고기단지 화산이고 포항사람들은 대부분 보문단지나 불국사는 이 길로 다닌다고 말씀드렸다. 아버지는 이 길이 처음이란다. 여느 시골과 다를 바 없는 창밖 풍경을 낯선 듯이 내다보셨다.

어머니는 무엇을 찾는 듯이 두리번두리번 살피시더니 "하이고, 여거가 화산이가? 화산, 화산골 맞나?" 하시며 긴 한숨을 쉬셨다. 육이오 전쟁 때 피난 온 곳이란다. 아침밥 먹다가 난리가 나서 갑자기 동네사람들과 가족들이 모여 첫 번째로 피난 온 곳이 바로 이곳 화산이란다. 산비탈에 임시로 만든 허술한 천막에서 전쟁을 피해 몰려온 사람들이 며칠 동안 같이 지냈다고 한다. 하루는 인민군이 가까이 왔는지 사람들을 모두 나오라고 해서 소 구루마에 짐을 싣고 머슴과 함께 식구들이 나오는데 포탄을 맞고 피를 철철 흘리던 사람들이 좀 태워달라고 애원하며 매달리기도 했단다.

"여기에 피난을 왔는데 머리 위로 비행기가 날아가고 포탄이 떨어지는데, 펑!펑! 하이고, 그 불덩어리가 얼마나 무섭던지. 휴~ 나중에는 길이 막혀 소도 구루마도 모두 버리고 사람만 피난 안 댕겼나."

오래된 기억이 되살아나는지 어머니는 눈을 꼭 감으신 채 피난 왔던 이야기를 한참동안 하셨다. 외할머니는 같이 못 온 외할아버지와 외삼촌 걱정으로 속이 까맣게 타는데 집 있는 곳에서 점점 멀어져만 가는 피난길이었다고. 같이 못 온 식구들이 살았는지 죽었는지, 우리만 살려고 피난 다니면 무슨 소용이냐고…. 소름 돋는 끔찍한 일을 숱하게 보아서 그랬는지 눈물도 나지 않더란다.

이렇게 이산가족이 되어 오십 년도 넘게 애만 태우고 살고 있는 사람이 어디 한두 사람인가. 헤어진 가족이 상봉하여 부둥켜안고 엉엉 울던 텔레비전 장면을 보며 온 국민이 여러 날 동안 함께 눈물 흘리지 않았던가. 어머니는 자장가 불러주던 목소리로 이야기하셨다. 어떻게 그렇게 용하게 찾아왔는지 그 난리 통에 식구가 다 만났다니 천만다행은 이런 상황일 때 하는 말일 것이다. 외삼촌이 탄약 옮기는 행렬에서 빠져나와 못에 숨어 있지 않았다면,

쌀 보급 창고를 지키던 외할아버지께서 어두운 밤에 숲속으로 몸을 숨기지 않았더라면 어머니 식구는 이산가족이 되지 않았을까. 포항-안강전투가 극에 달했던 창말에서 화산골 사이, 멀지 않은 거리에서 식구들과 영영 이별할 뻔했던 아찔한 일이다.

전쟁이 끝나고 집으로 돌아와 보니 다른 집들은 그대로 있는데 외가와 어머니 친척집만 골라서 불 지른 것처럼 몽땅 불에 탔더란다. 부엌바닥과 대청 아래에 숨겨두었던 쌀이 불에 타서 화근내가 진동을 했지만 몇 날 며칠 동안 그 쌀로 밥을 지어 먹었단다.

그래서 그러시는 걸까. 친정에 전화할 때마다 어머니는 꼭 묻는다. 쌀 있느냐고. 아이들이 학교에서 급식을 하니 도시락도 싸지 않고 집에서 밥 먹는 사람이 적어서 지난번에 주신 쌀이 남아 있다고 해도 끼니 굶지 말고 잘 챙겨 먹으라는 말씀을 빠뜨리지 않으신다. 우리 논에서 농사지은 쌀이 제일 밥맛이 좋다며 틈틈이 주시는 덕분에 우리 집 쌀독은 빈 적이 없다. 가정용 방아를 집에다 들여놓으시고 아들이나 딸이 가면 덮개를 벗기시고 기계를 점검하는 일도 어머니 몫이다. 배고픔과 몸서리치는 공포 속에서 살아남은 어머니의 전쟁 이야기는 온 산에 핏빛 진달래 꽃봉오리로 맺혀있는 듯했다.

어머니께서 일생에 두 번째로 오는 천북면 화산리. 열다섯 살 소녀를 전쟁의 두려움과 공포로 떨게 했던 곳이다. 그날 이후 무심하게 꽃은 피고 지고, 또 꽃이 피기를 쉰일곱 번째 되는 화창한 봄날이다. 화산골에 핀 참꽃. 그날 그 아픈 상처와 차마 울지 못한 통곡들이 토해내는 붉은 소리, 화산 참꽃 만발하다.

회초리

 새 학기가 시작되었다. 꽃봉오리 같은 아이들이 학교로 향한다. 발걸음이 경쾌하다. 예쁘고 해맑은 아이들을 보니 최근 세상을 경악하게 하는 자녀폭력과 유기에 관한 뉴스들로 인해 마음이 무척 아프다. 몹쓸 짓을 한 가해자들은 어린 시절 가족의 따스한 관심을 받지 못한 경우가 대부분이라고 한다. 바람직한 부모는 적당한 당근과 채찍으로 아이를 양육해야 하리라. 당근만 주면 자기중심적인 사람이 될 수도 있고, 채찍만 가하면 폭력적으로 성장할 수도 있기 때문이다.

 나는 어릴 적 아버지의 매를 맞으며 자랐다. 거짓말은 절대 하면 안 되었고, 약속은 반드시 지켜야 했다. 어겼을 경우에는 굵은 회초리를 해오라는 불호령이 내려졌다. 심지어 시험기간에는 틀린 문제 수만큼 회초리를 맞기도 했다. 지금 생각해도 억울한 것은 '오이'그림 아래에 '수세미'라 쓰고, '수세미' 그림 아래에 '오이'라고 적어 틀린 문제이다. 아버지 앞에서는 변명이 필요 없었다.

아버지의 명령은 나에게 법이나 다름없었다. 쌓아둔 나뭇더미에서 아버지의 팔 힘을 가늠하며 회초리를 찾고 있으면 어머니께서 내 새끼손가락보다 가느다란 나뭇가지를 손에 쥐여주며 방으로 들어가게 하셨다. 고개를 푹 숙이고 아버지 앞에 회초리를 내밀면 '이것도 회초리라고 해 왔느냐'는 소리가 천둥같이 지나가고, 공기를 가르는 날렵한 싸리 나뭇가지는 뼛속까지 아리게 했다.

지금 생각해도 온몸이 움찔해지는 것 같다. 종아리에 시퍼런 줄이 쭉쭉 생겨 어머니가 만들어주신 예쁜 치마를 입지 못해 속상해하던 때가 어제 같다. 아버지는 마치 대문 옆에 서 있는 커다란 엄나무 같으셨다. 온몸에 가시를 돋우고, 악귀를 쫓는다는 엄나무. 마치 우리들에게 사악하거나 나쁜 버릇이 스며들지 못하도록 지키는 수호신 같았지만 어머니는 달랐다.

동생들과 심하게 다투었을 때도 큰소리로 나무라지 않았다. 아버지께 혼이 난 다음 날은 정갈하게 접은 양면괘지를 책가방 속에 넣어 두셨다. '퍼렇게 멍든 종아리가 많이 아프지, 매 맞고도 울지 않아서 엄마 마음은 더 아프다, 씩씩하게 학교 잘 다녀오너라'는 따뜻한 편지일 때도 있고, 어떤 때는 빈 편지지일 때도 있었다. 푸르스름한 새벽, 두레박으로 우물물을 기르고 연탄불에 밥 짓는 소리를 들으며 아버지의 회초리보다 더 철들게 한 어머니의 따스한 회초리였다.

내가 두 아이의 어미가 되었다. 중요한 시기에 연예인이 되겠다며 학업에 충실하지 않는 딸아이의 투쟁과 맞선 적이 있다. 딸아이는 침묵과 단식으로 대항했고, 나는 속내가 부글부글 끓어 뜨거운 불덩어리가 되었다. 가정의 분위기는 살얼음 위를 걷는 형국으로 변했다. 그때 어머니가 생각났다. 호통을 치거나 매를 들지 않고 스스로 깨달아 철이 들게 하셨던 어머니의 편지 회초리였다.

아이가 등교한 후 딸아이의 책상에 앉아서 가만히 생각해 보았다. 매듭을 풀어야 했다. 문구점에 들러 예쁜 꽃그림이 있는 분홍빛 편지지를 사 왔다. 첫 줄에 딸아이의 이름을 쓰고, 사랑한다는 말을 적었다. 다음 줄에 적을 말이 가다듬어지지 않았다. 한참 동안 쓰고 보니 내 넋두리가 되고 말았다. 아이가 읽으면 어미의 잔소리밖에 되지 않을 내용이었지만 정성껏 적었다. 그날 밤, 편지지를 곱게 접어 내 어머니가 했던 것처럼 잠든 아이의 책가방 속에 살며시 넣어 두었다. 최고의 연예인이 되겠다는 아이의 부푼 꿈을 가라앉히기에는 아버지의 극약처방보다 어머니의 부드러운 처방이 더 효율적인 생각이 들었다.

　하교시간에 맞추어 딸아이가 좋아하는 갈비찜을 만들어 두고 귀가하는 아이를 맞이했다. 뾰로통한 얼굴에 살짝 어리는 고운 빛이 보였다. 갈비찜을 가득 담은 접시를 상 위에 올리며 아주 반가운 목소리로 같이 먹자고 했더니 슬그머니 젓가락을 들었다. 아이가 관심 있어 하는 음식 이야기를 나누며 아이의 반응을 조심스레 살폈다. 아이는 고기 한 점을 집어 내 밥그릇 위에 얹어 주었다. 매듭이 풀릴 것 같았다. 텔레비전을 켰다. 아이가 리모컨으로 채널을 고정시켰다. '나는 가장 멋진 연예인의 엄마가 되고 싶다'고 했다. 아이는 깜짝 놀라 왕방울 눈으로 나를 쳐다봤다. 엉켰던 실이 풀리기 시작했다.

　딸아이는 모 대학교 연극영화과에 가고 싶다고 말했다. 그 학교에 우수한 성적으로 입학하려면 할 일은 한 가지뿐이다. 학교생활을 충실히 하는 것. '끼'와 '생각'만으로는 최고가 될 수 없다는 생각을 한 모양이었다. 책상 정리를 하는 딸아이의 손놀림이 가벼웠다. 그 뒷모습이 참 예뻤다. 다음 날 아침, 안방 화장대 위에 하얀 봉투가 놓여 있었다. 깨알 같은 글씨로 쓴 딸아이의 답장편지였다. 봄 햇살보다 더 따사로웠다. 눈물이 핑 돌았다. 채찍보다 당근이 더 강한 회초리였다.

마늘과 어머니

 마늘을 얻었다. 김장철도 지났고 햇마늘이 날 때도 아닌지라 잠시 망설이다가 받았다. 한손으로 들어도 빈 바구니 같았다. 마늘은 버썩 마른 대궁에 얇은 종이 같은 껍질에 쌓인 채 종종 매달려 있었다. 푸석푸석 먼지가 나는 마늘 한 접을 집으로 가져와 베란다에다 두고 며칠 밤을 지냈다.

 빨래를 널고 청소를 하면서 눈에 띌 때마다 근심덩어리였다. 아무리 생각해 보아도 갈무리를 해 두어야만 될 것 같았다. 미루어 두면 더 마르거나 썩어서 먹지도 못하고 버려야 할 형편이 될 일은 뻔했다. 친정어머니가 생각났다.

 어머니는 김장철이 되면 농사지은 마늘을 틈이 날 때마다 햇살이 잘 드는 마루에 앉아 장만하셨다. 큰 대야에 물을 담아 마늘을 불려서 깔 때도 있고 마른 마늘을 그대로 까기도 하셨다. 깐 마늘을 수북하게 모아 두었다가 김장양념장을 만들 때쯤이면 마당 귀퉁이 감나무 아래에 있는 돌절구에 마늘을 찧으셨다. 지난 초겨울에도 어머니의 마늘 까는 일은 변함이 없었다. 다만 그 양이 줄어든 것과 방 안에 앉아서 돌절구가 아닌 플라스틱으로 된 작은 통에 마늘을 찧는 것만 달라졌을 뿐이다.

어머니는 수십 년 동안 그렇게 하셨다. 마치 수행자처럼 변함이 없었다. 가정보다 사회활동에 더 애착을 가지셨던 아버지와 네 명의 자녀를 둔 어머니의 삶은 고난 그 자체였다. 어머니는 마늘처럼 맵고 단단했다. 때로는 온화하셨고, 때로는 매우 강직한 어머니셨다. 이런저런 모습의 어머니를 생각하면서 거실 바닥에 신문지를 활짝 펼치고 그 위에 마늘을 담은 통을 가져와서 엎었다.

두고 보니 이 많은 마늘을 언제 다 손질할까, 긴 한숨이 나왔다. 마늘을 받아오지 말걸, 식구도 적은데, 곧 햇마늘이 나올 터인데…. 친정에 가지고 가서 어머니께 맡길까, 그러려면 오고 가는 시간과 머무는 시간을 합하면 적어도 서너 시간은 걸릴 텐데, 그 정도면 내가 혼자서 모두 손질할 수도 있지 않을까, 아니야, 나는 어머니를 뵙고 오는 즐거움이 있어 좋고, 어머니는 심심해하던 차에 일거리가 생겼다고 반가워하실지도 모르지…. 이런저런 계산법으로 나에게 돌아올 득과 실을 따지면서도 깐 마늘을 담을 그릇과 껍질을 담을 비닐봉지를 챙겨서 옆에 두었다. 어머니가 하신 것처럼 쭈그리고 앉아 마늘을 까기 시작했다.

큰 통에 담긴 마늘을 한 줌 집어 신문지 위에 꺼낸 다음, 마늘 한 통을 왼손에 들고 오른손에 든 작은 칼로 겉껍질을 대충 훑었다. 단단하게 붙어있는 쪽들을 나누어 뿌리 쪽을 말끔하게 잘라낸 후 껍질을 벗겼다. 볼품없이 말라 푸석거리던 껍질 속에서 하얀 마늘이 보석처럼 발라져 나왔다.

이럴까 저럴까 망설이며 시작한 일인데도 할 만하다는 생각이 들자 허리가 아프고 다리가 저려왔다. 자세를 바꾸어 가면서 하던 일을 계속했다. 어깨와 목덜미, 손목이 뻐근해지고 눈도 따가웠다. 온몸이 뒤틀리는 것 같았지만 하얀 마늘이 통에 소복하게 모아지는 재미는 쏠쏠했다. 농부가 아닌 사람이 지은 농사여서 그런지 마늘의 굵기는 고르지 않았다. 한 뿌리의 껍질 속에는 동그란 통마늘 한 알만 들어 있는 것도 있고, 여섯 쪽부터 많게는 열한 쪽까지 가지가지다. 작은 콩알만 한 것까지도 버리지 않고 정성껏 손질했다. 그릇 위에 봉긋하게 솟은 하얀 보석들을 쓰다듬으니 촉촉한 속살이 내 손바닥을 간질였다. 한편 비닐봉지 속에는 흙이 묻은 뿌리와 버썩 마른 껍질들이 가득해졌다. 부풀어 오른 봉지를 손등으로 누르자 풀썩 내려앉았다. 붕긋하던 봉지가 바람 빠진 풍선처럼 되자, 몇 해 전 어머니의 모습이 떠올랐다.

  벽에 기대어 가만히 앉아 계시던 어머니. 마당이며 부엌과 방, 집 안팎 어느 한 곳도 흐트러짐 없이 반듯하고 윤기 흐르게 하시던 어머니의 갑작스런 변신은 믿어지지 않았다. 불러도 대답 없이 멍하니 허공만 바라보시다가 사람을 보면서도 아무런 표정이 없으셨다. 때로는 한참 동안 두 눈을 힘껏 감으시고 입을 꾹 다물고 계시기도 했다. 앉은 자리에서 움직이지도 않으시니 마치 그림 같았다. 너무나 낯선 어머니였다. 가슴이 먹먹했다. 바스라질 것만 같아 어머니를 부둥켜안을 수조차 없었다. 어머니 옆에 가만히 앉아 어머니가 바라보시는 벽과 천장을 수없이 바라보며 가슴앓이만 했다. 그러기를 몇 개월이 흐른 뒤 멈추었던 어머니의 시간은 미세하게 움직이기 시작했다.

  조금씩, 아주 조금씩 예전의 모습으로 돌아오는 어머니는 마치 아기 같기도 하고 때로는 천사 같기도 했다. 어머니는 이 땅에 오셨던 길을 되돌아가는 가는 길목에서 잠시 앉아 머무셨던 것이리라. 삶을 온전히 바쳐서 우리들을 사람이 되게 하시고 귀로로 향하셨지만 나는 어머니께 해 드린 것이 없다. 오늘도 오랜 시간을 쭈그리고 앉아서 해야 하는 힘든 일을 어머니께 맡기려고 하지 않았던가.

네 시간도 더 걸려서 마늘은 모두 갈무리가 되었다. 비록 껍질은 불태워지더라도 알맹이는 적재적소에 요긴하게 쓰일 것이다. 마늘이 함유하고 있는 성분을 따져서 무엇 하리. 음식에 향과 맛을 더할 뿐만 아니라 사람의 건강에 이로움을 주면서도 그 형태를 잘 드러내지 않는 마늘, 그 품성이 꼭 어머니 같다.

마른 꽃

꽃바구니가 버려져 있었다. 어버이날에 선물로 드린 꽃바구니인데 꽃이 꽂힌 채 불쏘시개를 모아둔 곳에서 뒹굴고 있었다. 내가 보기에는 꽃이 아주 예쁘게 말랐다. 생화를 말려서 '드라이플라워'로 장식하는 사람도 있는데, 한순간에 불에 태워질 꽃을 보니 아까운 생각이 들었다. 꽃바구니를 들고 내가 아쉬운 듯 바라보니 어머니는 보기 싫다며 버리라고 재촉했다. 꽃이 싱싱할 때는 방에다 두고 향기를 맡으며 예뻐했는데, 말라가니 보기 싫더란다. 그래서 불에 태워버리려고 그곳에 두었다고 한다.

어느 날 마당에 심어진 목련나무가 사라졌기에 여쭈어보니 꽃이 필 때는 보기 좋은데 꽃이 떨어질 때가 보기 싫어서 나무를 잘랐단다. 마치 하얀 소복입고 툭, 툭, 떨어져 있으니 초상집 같더란다. 학창시절 '오~내사랑 목련화야~ 그대 내 사랑 목련화야~ 희고 순결한 그대모습, 봄에 온 가인과 같고, 추운 겨울 헤치고 온 봄 길잡이 목련화는, 새 시대의 선구자요 배달의 얼이로다~' 목련꽃을 바라보며 동무들과 흥얼거렸던 아름다운 추억이 내 기억 속에 남아 있는데, 어머니는 한순간 툭, 떨어지는 목련꽃이 보기 싫어서 나무를 베어버린 것이다.

동백나무도 그랬다. 목청을 가다듬어 이미자의 노래 '동백아가씨'를 부르시며 꽃을 어여쁘게 바라보시곤 했다. 하지만 꽃이 나무에 피어 있을 때는 예쁘건만 송이 째로 땅에 떨어져 있으니 핏덩이가 떨어져 있는 것 같아서 나무를 없앴다고 한다.

나는 이사를 하면서 가꾸던 화분들을 고향 집에 가져다 두고 집에는 하나도 남기지 않았다. 축하꽃다발이나 꽃바구니를 받으면 집에다 두고 그윽한 향기와 예쁜 꽃을 감상하는 것으로 만족하는 편이다. 날이 지나면서 꽃이 시들기 시작하더니 줄기에서 떨어지지 않고 그대로 잘 말랐다. 색상은 약간 변하였지만 은은한 향기가 남아 있기에 버리지 않았다.

우리 집에 오신 어머니가 꽃바구니와 화병에 꽂혀있는 마른 꽃을 보시더니 '이 꽃이 꼭 내 같다. 쭈글쭈글 주름이 생기고 버썩 마른 게 꼭 날 닮았네.'라고 하셨다. 그렇구나. 이제사 알겠다. 잘 마른 꽃바구니를 불쏘시개용 땔감으로 사용하려고 버려둔 것과 목련나무와 동백나무를 베어 버린 까닭을. 시든 꽃과 한순간에 툭, 떨어지는 꽃송이를 마치 당신의 모습으로 연상되었던 모양이다. 소풍 끝나는 날이 다가오는 것이 싫으신가보다. 수년 전 동백나무를 없앨 때도 어머니를 나무랐는데, 내가 어머니의 깊은 마음속을 몰랐구나 싶다.

  마른 꽃바구니를 앞에 두고 지팡이에 의지해 걷는 어머니와 승부도 없는 말씨름을 한다. 중국 어느 도시에서 꽃시장을 구경했는데 모두 말린꽃이었다. 알록달록 예쁘게 말린꽃이 생화 못 지 않게 인기상품으로 판매되고 그 꽃을 구경하러 오는 사람들도 많더라는 이야기를 했지만 어머니는 들은 척도 하지 않았다. 기력이 점점 약해지는 어머니가 안타깝다. 나는 '어머니는 어머니대로 고귀한 가치가 있고, 싱싱한 꽃은 싱싱한 대로, 마른 꽃은 마른 꽃대로 품격이 있고 예쁘다'고. '사람이 태어나서 유년기, 청년기를 지나고 노년기를 맞이하는 것과 다를 바 없는 것 같다.'고 중얼거렸다. 어머니는 뒤로 돌아 앉아 마른 꽃을 바라보며 혼잣말을 하셨다.

  '마른 꽃에 물주고 영양제 투여한다고 다시 싱싱한 꽃으로 살아나등강~.(살아나더냐.)'

어미 마음

  옹알이를 하고 되똥되똥 걸음마를 하던 딸아이가 봄이면 대학생이 된다. 어릴 적, 혼자 처음으로 동네 가게에 딸아이가 좋아하는 과자 한 봉지를 사러 보내고 뒤에서 몰래 지켜보던 때가 엊그제 같은데 열아홉 해 동안 살던 따스한 집을 떠나 대처로 나갈 준비를 한다. 눈을 반짝이며 또 다른 시작을 준비하며 설레어하는 딸아이를 나는 활짝 핀 나리꽃 같은 마음으로 떠나보내지 못하고 우물쭈물한다. 딸아이는 목적지를 향해 씩씩하고 경쾌한 발걸음을 내딛지만 내 눈에는 단풍잎 같은 손에 동전 한 잎 꼭 쥐고 꽃신 신고 찻길 건너 과자 사러 가던 아이 같기만 하다.

  대입수능시험을 치르고 며칠이 지나서 딸아이가 별안간 '정모'

에 가겠다고 했다. 작은 일이라도 어떻게 하면 좋을지 일일이 나와 이야기를 나누던 아이가 혼자서 아예 결정을 내리고 '가겠다'고 단호하게 말을 한 것이다. '정모'란 인터넷 커뮤니티나 클럽 회원들의 '정식모임'이란 뜻도 있지만 '정기모임'의 뜻도 갖고 있는 조금은 새로운 단어가 아닌가. 익숙하지 않는 곳에 딸아이가 가겠다니 선뜻 허락해 주려니 망설여졌다. 딸아이 말에 의하면 일본 연예인 '코이케 텟페이'의 전국 팬들이 하는 모임인데 이번에는 부산에서 정모를 한다는 것이다. 지난번 서울에서 할 땐 얼마나 가고 싶었는지 아느냐고. 집에서 너무 멀기도 하고 수능시험도 치르기 전이라 말도 하지 못했는데 이번에는 가겠다고 이미 신청도 해 두었단다.

인기가수들의 공연장에서 미친 듯이 환호하는 일부 극성팬들 중에 딸아이가 포함된 것은 아닐까? 수많은 인파 속에 갇히는 건 아닐까? 더구나 혼자 간다고 하니 더욱더 불안했다. 친구 한두 명이라도 같이 가면 좋겠다고 했더니 엄마는 정모가 어떤 곳인지 몰라서 하는 말이라며 그런 곳에는 친구를 데리고 가는 곳이 아니라며 도리어 나를 나무란다.

집을 떠나보낸 기억은 수학여행이나 수련회처럼 학교 선생님과 학생들이 단체로 가거나 가족이나 친지들과 함께한 것뿐이다. 혼자서 낯선 곳에서 하룻밤을 자고 오는 외출은 선뜻 허락되지 않았다. 세 살 된 외사촌동생을 보고 싶어 하기에 '주말에 외삼촌이 아기를 데리고 우리 집에 올지도 모르겠단다.'고 했더니 '어떡하지, 이번에는 못 만나겠네. 설에 만나면 되겠네.' 한다. 단단히 마음먹은 모양이다. 이런저런 고민을 하느라 속 시원한 대답은 해주지도 못한 채 며칠이 흘렀다.

 딸아이는 왜 평소 엄마답지 않게 말도 잘 하지 않고 시무룩하게 있느냐며 도리어 화를 낸다. 화가 난 것이 아니라 뭐 좀 생각하는 중이라고 했더니 같이 생각을 해보잔다. 그동안 걱정했던 일들을 이야기했다. 전국에서 온다고 하지만 무더기로 많이 오는 것이 아니고, 각 지역마다 한두 명씩 정회원 중에서 오기 때문에 다 참석한다고 해도 스무 명 안팎이며, 일본에서 연예인이 직접 오지도 않는 모임이라 그런 일은 없을 것이고, 낮 12시부터 오후 4시까지 하는 1부 행사에만 참여하고 집으로 올 생각을 하고 있었다며 숨도 쉬지 않고 말한다. '텟페이'가 오지도 않으면 뭐 하러 가느냐고 했더니 그냥 팬끼리 모여서 밥 먹고 이야기하고 논다는 것이다.

 정모 하루 전날이었다. 걱정은 되었지만 극구 말리고 싶지는 않앉다. 딸아이는 가방을 챙기며 콧노래를 불렀다. 부산에 정오까지 도착하려면 포항에서 아침 일찍 출발해야 한다. 혼자 가는 첫 길인데다가 약속시간을 지키지 못해서 다른 사람한테 안 좋은 소리라도 듣고 기분이 언짢아질까 봐 슬그머니 염려되었다. 만나기로 한 날 하루 전에 부산에 있는 삼촌 집에서 자고 다음 날 약속장소로 가는 것이 나을 것 같았다. 포항역에서 오전 11시에 출발하는 부산행 기차를 태워 보냈다. 삼촌 집에 도착하면 전화하겠다는 말을 남기고 풍선처럼 가볍게 떠났다.

  딸아이를 보내고 집으로 돌아오는 길이었다. 기차가 출발했는지, 옆에 어떤 사람과 함께 앉았는지, 혼자 앉았는지, 창가 자리인지, 아침밥도 제대로 먹지 않고 김밥만 달랑 한 줄 가져갔는데 물도 없이 어떻게 먹었는지…. 마음씨 좋은 어떤 할머니랑 함께 앉아 가면 좋을 텐데, 우락부락한 청년이 딸아이에게 말이라도 건네오면 안 되는데, 화장실 갈 때 가방만 두고 가면 잃어버릴 수도 있는데….

  그러고 보니 내가 처음 혼자 대구에 갔던 때가 생각난다. 국민학교 4학년인 나를 혼자 대구로 보내놓고 어머니도 이렇게 가슴 졸였으리라. 이모네 집에 잘 도착했다고 편지를 보내면 사나흘 뒤에야 보낸 편지를 받아보는 시대였으니 어머니의 마음은 오죽했으랴. 딸아이가 휴대전화를 가지고 다닌 지 스무 날 남짓 된다. 부산에 도착하면 하겠다는 전화를 기다리지 못하고 '기차 탔니?'라고 문자를 보냈더니 금세 답장이 왔다. '잘 가는 중~'이라고.

 부산 가서도 기차에서 내려 지하철을 타고 가야 하는데 행여 우왕좌왕하다가 반대방향으로 가지는 않을까, 지하철 이용하는 일이 어색할 텐데 잘 할 수 있을까, 아파트 숲속에 있는 삼촌네 집을 무사히 찾아야 될 텐데, 아이들 삼촌한테 전화를 해서 마중 나오라고 부탁할까, 내일 만나기로 한 약속장소에는 제시간에 잘 찾아가려나….

 모내기가 한창일 무렵, 무논에서 새끼들을 지켜보는 어미 백로가 생각난다. 어미는 새끼들이 천방지축 달음박질하며 먹이를 찾아다닐 때도, 입에 물고 있는 먹이를 빼앗으려고 쫓고 쫓길 때도 저만치서 가만히 관찰만 하고 있었다. 홀로서기 연습하는 새끼들을 먼발치에서 유심히 바라보던 어미 새도 내 마음 같았을까.

| 발문 |

앎과 삶을 '닮'음으로
— 이순영 수필집 『월포 사람들』 발간에 부쳐

장 호 병 | (사)한국문인협회 부이사장

인문학 화두의 시대를 살고 있다.

문학작품에는 작가의 삶이 투영되고, 작품은 그 작가에게는 물론 읽는 이들에게 다시 영향을 주는 선순환이 반복된다.

인문학은 사회 구성원으로서 책임을 다하면서 이웃과 소통하고, 문화적 다양성을 존중하며, 윤리적 판단 아래 삶을 영위하려는 철학에 이르는 통로이다.

□ 들어가며

이순영 작가의 수필집 『월포 사람들』에는 '나는 누구인가'를 끊임없이 질문하는 '앎', 그 터득과 깨달음 위에서 '나는 어떻게 살아야 하는가'를 실천하는 '삶', 그리고 '어떤 세상을 만들어야 하는가'를 보여주는 '닮'음의 선순환 구조가 잘 드러나 있다.

이순영 작가가 수필집 『월포 사람들』에서 보여주는 바는 몽테뉴가 『Les Essais』 서문에서 밝힌 "내가 묘사하는 것은 내 자신이다."와 상허 이태준이 『문장강화』에서 말한 "작가 자신의 심적 나상"에 닿아 있다.

이순영 작가의 삶과 문학에 다가가 본다.

■ 앎

거리에서 데이트 중 젊은 여인이 갑자기 비를 만났다. 비 맞은 강아지처럼 초라하게 보이지 않으려면 숄더백으로 머리를 가려야 할까, 아니면 가방이 비에 젖지 않게 해야 할까?

가방은 명품이 아니라 허접한 짝퉁이다. 비에 젖어봤자 아깝지 않아 쉬이 머리로 갈 수도 있고, 비에 노출되어 금방 짝퉁 사실이 드러날 것이 염려된다면 오히려 겨드랑이 속으로 밀어 넣을 것이다.

이처럼 우리가 마주하는 삶은 카오스chaos 상태로 해석을 기다린다. 누구에게나 같은 해석이 나온다면 이상이나 이념의 지식 세계이다. 그러나 개개인이 처한 변수에 따라서 해석이 달라진다면 지혜의 세계가 된다. 과학적 처방을 찾는다면 지식으로 접근해야 하고, 인간 삶의 이치를 궁구한다면 해석적으로 접근해야 한다.

> 팔백 년 넘게 살다 속절없이 쓰러진 회화나무는 나에게 끝없는 설법을 가만가만 들려준다. 한 그루 나무나 사람의 삶이나 다를 바 없다고. 팔백 년 동안 그 자리를 굳건히 지키던 나무도 쓰러지고 말면 그뿐인 것을, 백 년도 살지 못하는 인간들은 어떻게 살아야 할까. 내가 무심코 한 말이나 행동이 다른 사람의 가슴에 상처가 되지는 않았는지, 나만의 생각으로 타인을 아프게 한 적은 없는지, 나를 위해 다른 사람의 고통을 외면한 적은 없는지…. 내 안에 있는 또 다른 나를 돌아봐야겠다.
> ㅡ「무언의 설법」중에서

보경사 입구에서 쓰러진 고목이 작가의 눈에 들어왔다. 800년이나 산 회화나무도 이렇게 쓰러지고 나니 무위로 돌아갈 수밖에 없다는 사실을 목도하면서 이순영 수필가는 100년도 살지 못하는 우리 삶을 성찰한다.

내 안에는 나도 남도 아는 '나'가 있는가 하면, 나도 남도 모르는 '나', 남은 모르지만 나만 아는 '나', 나는 모르지만 남이 알고 있는 '나'가 있다. 작가는 내가 몰랐던 나 안의 '나'를 주목한다.

생명이 다하면 고쳐 하지 못하니 살아있을 때 간과해서는 안 될 일을 생각해 본다. ㅡ 나의 말과 행동에서 남을 아프게 하지는 않았는지, 다른 사람의 고통을 외면하지는 않았는지. 생명이 다하면 하고 싶은 일도, 후회도 다 무위로 돌아간다고 쓰러진 나무가 들려준다.

묵이 가만히 이야기했다. 불같은 가슴과 얼음 같은 인내는 같은 마음이라고. 사랑과 미움이, 관심과 무관심이, 그리고 이승과 저승은 씨줄과 날줄 같다고. 산이 물을 품고, 물이 산을 안아 더 깊고 큰 산을 이루듯이 함께 어우러져 둥글게, 둥글게 살아가는 것이라고.
—「묵 이야기」 중에서

 어우러지지 못하던 가루와 물이 뜨거운 불 위에서 함께 고통을 이겨내고 그 열기를 식히고 나서야 비로소 매끈해진 묵에서는, 살아온 환경이 다르고 생각이 달라 서로 다투기도 하지만 어려움을 함께 극복해 나가면서 서로 다름을 존중하고 돈독한 사이가 되는 인간 삶을 의미화하고 있다.
 쓰러진 팔백 년 회화나무와 묵이 들려주는 무정설법에 귀 기울이게 한다.
 해석의 기준은 앎이다. 우리의 앎은 어떤 사실을 아느냐 모르느냐의 이분법적 사실이 아니다. 앎에는 학습으로 쌓아 올린 지식이 있는가 하면, 변수의 세계에서 보여주는 지혜도 있다.

 남편마저도 나를 이해할 수 없는 사람이라고 했다. 한번은 내 앞에서 들으라는 듯이 아들을 향하여 '너는 공부하는 여자하고는 사귀지 말거라.'라고 큰소리를 질렀다. 공부에 중독되어 가족과 가정사를 등한시하는 나에 대한 남편의 노골적인 불만이었다.

 그런 세월도 잠시였다. 졸업을 했다. 곡예사가 줄을 타는 것 같았던 날짜와의 신경전에서 해방되었다. 그렇게 여유로울 수가 없었다. 눈만 뜨면 켰던 방송 강좌도 켜지 않았고, 길을 다니면서 이어폰으로 들었던 교육방송도 듣지 않고, 자동차를 운전할 때 들었던 교재용 CD도 켜지 않았다. 고요했다.   ―「여유」 중에서

 가방끈이나 학습량은 지식에 머무는 것이 아니라 지혜로 연결되어야 한다. 무수히 많은 삶의 변수 앞에서 자신의 생각을 끊임없이 회의하는 사유의 과정을 밟아야 진정한 앎의 세계에 이르고, 이제까지 보이지 않았던 것이 눈에 들어온다. 치열했던 공부의 시간이 지나자, 작가는 '빨래를 쓰다듬는 햇살'과 '피아노 건반 위에 서성이는 달빛'을 보게 된다. 앎은 눈의 확장이다. 여뀌의 재잘거림도 듣게 됨으로써 귀의 확장에까지 이르게 된다. 눈으로 듣고, 귀로 보게 되는 경지이다.

 "남의 보리밭을, 이리 파디비 놓고(이렇게 파헤쳐놓고), 우얄라 카노(어떻게 할 거냐), 아이(으이). 어데(어디) 말 한마디 없이, 남의 밭을 다 파디비 놓고, 이 무신(무슨) 인간들이, 하는 짓이, 우예 이릏노(어떻게 이렇게 할 수가 있느냐), 으이."

"할메요(할머니), 보리 그거 무라(물러)줄게요, 얼만교?(얼마예요?)"
〈…중략…〉

어머님의 뜰은 삶의 교과서였다. 무순을 솎으며 굵고 곧은 무를 키우려면 야위고 부실한 것들은 뽑아내야 한다는 것, 살아가면서 군더더기는 과감히 버려야 한다는 것, 이미 엎질러진 일에는 미련을 두지 말고 새로운 방법을 모색해야 한다는 것, 상처와 슬픔은 마음속에 오래 가두어 두지 말아야 한다는 것, 그리고 기쁨은 함께 나누어야 하는 것…. 또 어떤 깨달음을 줄까. 저만치서 봄바람이 동그라미 그린다.

―「어머님의 뜰」중에서

뜰은 시가의 대문 앞 텃밭이다. 아파트 공사 중장비가 보리밭을 망가뜨렸다. 업자는 충분한 보상이 될 거라고 생각하고 오만 원 봉투를 던지고 갔다. 시어머니가 자식들 생각하며 쏟은 사랑이 어찌 돈 몇 푼으로 보상받을 수 있으랴.

취재 인터뷰한「최장수 역무원」에서도 '내 적성에 딱 맞고, 내 마음에 꼭 드는 그런 직장'이 어디 있겠는가. '힘이 들더라도 꾹 참고 견디다 보면 내 몸에 맞는 옷을 입은 것처럼 느껴지니 인내심을 갖고 기다'리는 일이라는 가르침을 얻는다.

작가는 우리 삶의 현장이 모두 훌륭한 교과서이자 유정설법임을 작품으로 웅변한다.

■ 삶

아리스토텔레스는 『수사학Rhetoric』에서 남을 설득하는 3요소로 로고스logos, 에토스ethos, 그리고 파토스pathos를 제시하였다. 논리, 신뢰, 감정을 말한다. 한때 "기회는 평등하고, 과정은 공정할 것이며, 결과는 정의로울 것"이란 말을 듣고 사람들은 반신반의하면서도 이제 제대로 된 사회가 오리라 기대를 건 적이 있다. 민주국가에서 '기회의 평등'은 빼놓을 수 없는 중요한 어젠다agenda이다. 과정이 공정하다면 결과는 절로 정의롭게 된다.

앎에 그쳐서는 안 된다. 그 앎이 실천되는 삶―결코 쉬운 일이 아니다. 노력이나 시간, 재화, 자기희생 등 기회비용이 들어가야 한다.

> 바람같이 살고 싶다는 생각을 자주 하곤 했다. 눈에 보이지 않으며 누구에게나 공평하게 다가가 환희를 안겨주는 바람, 언 땅을 뚫고 파릇파릇 돋아나는 새싹 같은 바람이 되고 싶었다. 산천초목을 잠 깨우는 연둣빛 바람, '연두바람'으로 정했다. 아이디와 닉네임이 의좋은 남매 같다. 내가 나에게 지어준 이름 '산바람삼삼'과 '연두바람'. 겨우내 꽁꽁 언 눈을 녹이는 부드러운 바람, 그물에 걸리지 않는 바람, 그런 바람이 되고자 이름을 지어본다. ―「이름을 지으며」 중에서

작가는 어떤 삶을 사는 사람이 되어야 할지 디지털 시대에 세상

으로 나아가는 이름을 짓는다.

 이름은 '이르다'에서 온 말이다. 생긴 모습이나 성질을 이르[謂]는 이름일 수도 있고, 어떤 결과에 이르[達]기를 간절히 바라는 기도를 담는 이름일 수도 있다. 이순영 수필가는 후자를 택하였다. 아이디 '산바람삼삼'과 닉네임 '연두바람'에 작가는 부드러운 바람, 그물에 걸리지 않는 바람 같은 삶을 살겠다는 의지를 담았다. 앞서의 작품「무언의 설법」에서 보여준 앎을 실천하여 후회 없는 삶을 살겠다는 결심이다.

  아이가 등교한 후 딸아이의 책상에 앉아서 가만히 생각해 보았다. 매듭을 풀어야 했다. 문구점에 들러 예쁜 꽃그림이 있는 분홍빛 편지지를 사 왔다. 첫 줄에 딸아이의 이름을 쓰고, 사랑한다는 말을 적었다. 다음 줄에 적을 말이 가다듬어지지 않았다. 한참 동안 쓰고 보니 내 넋두리가 되고 말았다. 아이가 읽으면 어미의 잔소리밖에 되지 않을 내용이었지만 정성껏 적었다. 편지지를 곱게 접어 내 어머니가 했던 것처럼 잠든 아이의 책가방 속에 살며시 넣어 두었다.   ―「회초리」중에서

 딸이 연예인이 되겠다며 학업에 충실하지 않아 모녀간에 봉합하기 어려운 갈등이 생겼다. 편지를 읽은 딸이 '끼'와 '생각'만으로는 최고가 될 수 없다고 생각해서 이후 학업에 전념하였다. 어머니에게서 물려받은 '편지 회초리' 덕분이다. 모전여전의 모습이

아름답다.

  대입수능시험 후 일본 청춘스타 코이케 텟페이의 팬들이 갖는 정모에 가려는 딸을 역에 데려다주고 집으로 돌아오는 길, 홀로서기하는 새끼들을 먼발치에서 바라보던 어미 백로처럼 마음이 산란하다.

    기차가 출발했는지, 옆에 어떤 사람과 함께 앉았는지, 혼자 앉았는지, 창가 자리인지, 아침밥도 제대로 먹지 않고 김밥만 달랑 한 줄 가져갔는데 물도 없이 어떻게 먹었는지…. 마음씨 좋은 어떤 할머니랑 함께 앉아 가면 좋을 텐데, 우락부락한 청년이 딸아이에게 말이라도 건네 오면 안 되는데, 화장실 갈 때 가방만 두고 가면 잃어버릴 수도 있는데….
―「어미 마음」중에서

    얼마나 간절했으면 대낮에 남의 집에 들어와서 그랬을까. 꼭 필요한 사람이 가져갔으리라 여기니 마음이 편했다. 서랍에 갇혀서 숨도 제대로 못 쉬고 있었을 빛나는 보석들이 제 값어치를 하려고 세상 속으로 나간 것이라 여기니 별로 아깝지도 섭섭하지도 않았다. 혹여 그 손들이 사람을 상하게 했으면 얼마나 큰일이었을까. 다행이다 싶었다. 그때 몰래 집에 온 손은 거의 흔적을 남기지 않고 뒤처리가 말끔했다. 현관문을 열고 들어온 수법도 자물쇠를 수리하러 온 아저씨가 대단한 수준급이라고 말했다.
―「손」중에서

집에 도둑이 들었다. '꼭 필요한 사람이 가져갔'고 '서랍에 갇혀서 숨도 제대로 못 쉬'느니 '빛나는 보석들이 제 값어치를 하려고 세상 속으로 나간' 것이라고 관점을 바꾸니 평정심을 찾을 수 있었다. 아무도 다치지 않은 것 또한 고마운 일일 테다.

■ 닮

청하 가는 버스 안은 마을 경로당 같다. 기쁜 이야기와 슬픈 이야기를 나누며 가족처럼 함께 웃고 슬퍼하며 걱정하고, 칭찬하고 응원하며 지내는 따스한 마을 사람들. 모든 세상이 온정이 넘치는 이 버스 안만 같았으면 좋겠다. 희로애락을 포장하지 않는 세상. 또한 그렇게 하는 이야기를 순수하게 들어주고 마음을 열어 모두가 소통하는 세상을 소망해본다.　　　　　　　　　　　　　－「청하 가는 버스」중에서

조금 전의 무정차 직행버스 안 열 명 남짓 승객들이 졸거나 눈을 감고, 피로에 지쳐 서로 무관심하던 풍경과는 사뭇 다르다. 버스 안은 마을 경로당을 옮겨 놓은 듯 어르신들의 왁자한 잡담 소리, 정겹고 억센 사투리에서 사람 사는 활기를 느낀다. 어르신들의 입가에 웃음이 저절로 피어나는 뉴스가 많은 그런 날이 오면 덩실덩실 춤을 추겠단다. 시가로 가는 발걸음이 그렇게 즐거울 수가 없어 보인다.

아버님의 체취가 남아있는 바다에 오면 은빛 멸치가 불을 가득히 메우던 그날의 펄떡이는 힘이 되살아난다. 붉은 태양을 밀어 올려 온 세상을 환하게 밝히는 시원始原의 신비를 마시는 듯하다. 푸른 바다와 하얀 갈매기, 바닷가 사람들의 건장한 구릿빛 두 팔뚝, 굵은 땀방울, 뜨거운 백사장, 그리고 후리그물에 가득 담긴 멸치를 털며 부르던 힘찬 노랫소리가 파도처럼 밀려온다.　　　　　　　ㅡ「멸치 잡는 날」중에서

　아버님이 '졸고 있는 새벽을 깨워' 멸치 잡는 날은 부지깽이 힘이라도 빌려야 할 만큼 일손이 바쁘다. 상품 멸치를 만들기 위해 우물물을 긷고, 멸치를 헹구고, 솥으로 옮기고, 찌고, 널어 말리기 위해 얼마나 많은 사람들이 손발을 잘 맞춰야 하겠는가. 일손을 보태는 작가는 물론 바삐 움직이는 사람들의 밝은 표정이 선하다.

　애환 없는 삶이 어디 있겠는가. 풍어와 풍년을 기원하는 마을 사람들의 축제에서는 함께 신명을 풀지만, 생업의 터전이 바다인 사람들에게서 외면할 수 없는 이웃의 아픔이 옹이처럼 가슴에 와 박힌다.

　　풍랑을 만나 간신히 살아 돌아온 사람도 있지만 불귀의 객이 된 사람도 있다. 실종된 지 며칠 만에 돌아온 아들의 주검을 앞에 두고 목 놓아 통곡하는 어머니와 가슴속으로 뜨거운 눈물 흘리며 흐느끼는 아버

지도 이 마을에 산다. 툭툭 불거진 손마디로 숙명처럼 그물을 꿰매며 홀로 사는 할머니와 수지가 맞지 않아 배를 묶어둔 노총각도 이 동네 주민이다. 월포 사람들은 바다가 신명나면 춤을 추고, 바다가 몸부림치면 더욱더 고통스러워한다. ─「월포 사람들」 중에서

앞을 향해 웅크린 한 쌍의 앞발은 단단한 집게 같습니다. 커다란 바위라도 거뜬하게 들어 올릴 듯 튼실합니다. 짧은 더듬이와 꼭 다문 입은 금방이라도 움직일 것 같습니다. 하지만 두 눈은 투명한 듯 불투명한 듯 모든 일을 초월한 모습입니다. 두 쌍의 뒷발은 이쑤시개처럼 가늘지만 발끝으로 움켜잡은 힘이 거미손 같습니다. 배와 꼬리 부분의 주름도 선명합니다. 새우처럼 구부러진 등은 마치 대문처럼 활짝 열려 있습니다. 성충이 되어 힘찬 날갯짓으로 더 넓은 세상으로 떠난 흔적임에 분명합니다. ─「빈집」 중에서

작가는 시어머니가 남긴 빈집을 매미의 우화羽化로 형상화한다. 어머님의 부재不在를 통해 존재存在를 드러낸다, 아버님의 존재를 드러내었듯이(「인용사지仁容寺址에서」). 월포에서는 고무신을 즐겨 신는 작가, 그의 아들이 목욕탕 물바가지로, "매레치(멸치) 잡았다~"고 물놀이할 만큼 이순영 작가는 월포 사람이 다 되었다.

☐ 나가며

　이순영 사백의 앎과 삶이 '닮'음으로 나아가는 선순환을 살펴보았다.

　학습과 생활현장을 교과서로 만드는 유정설법과 무정설법의 앎은 작가의 철학적 인식이라 하겠다. 그 앎이 실천으로 이어지는 삶이 이웃하는 사람들로 하여금 서로 동화되어 닮음으로 나아가는 아름다운 과정을 눈여겨보았다.

　유럽여행을 떠난 딸의 햄스터 삼월이 가족의 관리를 맡았다. "나는 지금 삼월이 새끼들에게 길들여지고 있는 중인가 보다."(「길들이기」 중에서)라는 말에서 보여주듯 우리는 알게 모르게 서로에게 길들여지듯 닮아가는 것이 아름답다고 나직이 설득한다.

　삶의 흔적을 씨실로 내면의 성찰을 날실로 교직한 수필집 『월포 사람들』 상재를 마음 모아 축하드린다. 그리고 문학의 향기 드높은 다음 수필집을 기대하면서 어쭙잖은 사족을 거둔다.